桃乐工作室 / 编著

下

少年的

中华上下五千年

中

哈尔滨出版社
HARBIN PUBLISHING HOUSE

图书在版编目（CIP）数据

阅想天下：写给青少年的中华上下五千年：全3册 /
桃乐工作室编著. — 哈尔滨：哈尔滨出版社, 2017.6
　　ISBN 978-7-5484-3117-6

　Ⅰ.①阅… Ⅱ.①桃… Ⅲ.①中国历史－青少年读物
Ⅳ.①K209

中国版本图书馆CIP数据核字（2017）第023557号

书　　名：**阅想天下——写给青少年的中华上下五千年（中）**

作　　者：桃乐工作室　编著
责任编辑：姚春青　王　丹
责任审校：李　战
封面设计：殷　舍

出版发行：哈尔滨出版社（Harbin Publishing House）
社　　址：哈尔滨市松北区世坤路738号9号楼　　邮编：150028
经　　销：全国新华书店
印　　刷：湖北卓冠印务有限公司
网　　址：www.hrbcbs.com　　www.mifengniao.com
E-m a i l：hrbcbs@yeah.net
编辑版权热线：（0451）87900271　87900272
销售热线：（0451）87900202　87900203
邮购热线：4006900345　（0451）87900345　87900256

开　　本：787mm×1092mm　　　　1/16　　印张：68　　字数：750千字
版　　次：2017年6月第1版
印　　次：2017年6月第1次印刷
书　　号：ISBN 978-7-5484-3117-6
定　　价：138.00元（全3册）

凡购本社图书发现印装错误，请与本社印制部联系调换。服务热线：（0451）87900278

前言

巍巍华夏，五千年兴衰荣辱，沧桑巨变，历经多朝多代的更替，形成了华夏民族耀眼独特的历史文化。中华民族五千余年的历史源远流长，见证着华夏民族祖先的伟大创造力，凸显着华夏人民无边的智慧。强大的民族世代繁衍，生生不息。

远古时期的神话传说，夏商西周的民族崛起，春秋战国的硝烟弥漫，汉朝的文化传承，三国、两晋南北朝的纷繁乱世，唐宋时期的文化大发展，清朝时期的康乾盛世以及百年屈辱，其中的历史人物与历史事件，一幕幕展现在我们眼前。无数的英雄豪杰，无数的仁人志士，为历史的发展做出了极大的贡献，推动了社会的进步。

中华民族的勤劳、智慧和勇敢深深地刻印在华夏子孙的骨血中，一代代地传承下来。我们的祖先创造出了辉煌的民族文化，许多政治家、思想家、教育家、军事家、科学家以及文学家，均为这段历史添上了浓墨重彩的一笔。这些历史故事，是后人了解历史的直接渠道，是历史变迁的重要见证。马克思曾经说过，"历史就是我们的一切。它反映人类改造自然、改造社会、不断推进文明进步的历程。今天的世界是过去世界的继承和发展，如果割断历史，就不能全面地、正确地理解现实和展望未来"。

本书按照历史发展的顺序，以朝代更替为线索，叙述历史故事，完整再现中华上下五千年的璀璨历史，让读者进一步地了解历史，感叹古人的智慧和伟大，真正地了解自己的民族，真切地感受中华民族传统文化的精华。

通过《阅想天下——写给青少年的中华上下五千年》，我们将更加深入地认识历史，解读历史，从而把握好今天，共创祖国美好的明天。

编　者

目 录

辽·金·西夏

元朝时期

两晋·南北朝

司马睿建东晋

司马睿

西晋王朝垂危之际，刘琨一度转战中原，想要挽回局面，最终失败。刘曜攻下长安（今陕西西安市西北），俘获晋愍帝。晋愍帝被俘到平阳（今山西临汾市西南），遭杀害。司马睿（ruì）即帝位，首都定在建康（今江苏南京市）。为了区别两个晋朝，司马睿所建立的晋朝史称"东晋"。

在司马睿登基、文武百官朝拜新帝时，司马睿却从皇位上起身，对他的丞相王导说："朕要与你一同分享这份荣耀，请上来与我同坐。"

百官听后都很震惊，王导也十分惶恐，谢绝了司马睿的提议。听了王导的话，司马睿很是高兴和放心。

司马睿为什么会在如此重要的场合做出这样的举动呢？因为他刚刚到建邺（后改名"建康"）时，非常不被当地的豪门世族放在眼里，当时的司马睿十分着急，王导为他出谋划策，让他礼贤下士地去当地的名流家中拜访。

王导还劝说堂哥王敦帮忙，在江南过节的日子，让司马睿乘坐华丽的轿子走在前面，而自己和哥哥恭敬地跟在后面。这一举动终于使江南的豪族们动摇了，他们纷纷前来拜见司马睿。

王导又在这时劝说司马睿，让他不计前嫌，趁机大肆招揽人才。就是王导的建议让他在建康有所成就，他在王导的帮助下，把建康建成了江南地区名副其实的政治、军事中心。

在司马睿做了皇帝后，王导仍然尽心为他出谋划策，一方面他建议晋元帝奖励农桑，安定百姓生活；另一方面，他劝说晋元帝禁止西晋以来朝廷里的奢靡攀比风气。

晋元帝对其十分感激，不禁感慨良多。自此以后，晋元帝更加信任王导，大小事情都会与他商榷（què）。

石勒重视读书人

刘聪死后，他的儿子刘粲即位。后来靳準杀了刘粲夺了帝位，刘曜率兵攻打靳準，进军平阳，即帝位，灭掉靳氏并迁都长安，改汉为赵，史称"前赵"。石勒与刘曜意见不合，在刘曜登基后不久，便自立为王，建立政权，史称"后赵"。建国后，石勒不断扩张领土，灭掉了刘曜和其他势力，逐渐成为十六国中较为强盛的国家。

石勒年轻的时候，赶上饥荒，人们都四处流亡。他曾逃亡到阳曲（今属山西太原市），经历了许多磨难后，又被当作奴隶卖给了师欢，幸好师欢不久后便除去了他奴隶的身份。

受尽苦难后，石勒决定反抗。他先后召集了十八个人，开始了他"十八骑"的军旅生涯。他不断壮大自己的力量，提高自己的军事才能，后来他成为刘渊手下的大将。

石勒逐渐发现，想要成就大业，需要有人出谋划策，光靠武力是不够的。于是他开始收留读书人，任用贤才为他出谋划策。石勒组建的这个组织被称为"君子营"。在他的君子营中，有个叫张宾的人才，出过不少好点子。有了这批有识之士，石勒的实力迅速壮大。公元 319 年，石勒建立后赵，最终成为一代君主。

石勒从自身的经历中体会到了知识的重要性，因此他十分敬重读书人。他尊儒教，广设学校，让臣子的后代都能够学习知识。他告诫手下，只要俘虏的是读书人，就要带给他处置，不得随意杀害。

石勒很忌讳"胡""羯（jié）"等字眼，他下令只要有人提到这些字眼就要受罚。有一次，读书人樊坦进宫觐见时，穿了一身破烂的衣服。石勒问他为何如此，樊坦在解释的过程中，忘了要避讳这些字眼。正当他担心不已的时候，石勒得知事情的缘由后，不仅没有罚他，还赐他车马、衣服等。由于石勒十分注重教育，善用人才，后赵的势力逐渐壮大。

能文能武的陶侃

　　陶侃（kǎn）是一位晋朝大将。陶侃不仅能够领兵征战，还能够治理郡县。他清正廉洁，因此深受当地百姓的拥戴。

　　陶侃从小由母亲抚养长大，他的母亲极为贤惠。陶侃少时因为县吏的身份得到公家分的鱼，他就把这些鱼给了母亲，但是却被母亲退了回来，他的母亲认为用公家的鱼来奉养自己，她会心里不安。陶侃母亲的行为深深影响了陶侃。

　　后来，陶侃因为表现出色，升为武昌太守。他曾多次带兵出征，在战争中显示了其卓越的军事才能，因此，声名大噪。但是带领他的大将王敦却开始嫉妒他，并将其调任为广州刺史。

　　虽然被调任，但是陶侃并不消沉。他开始每天坚持搬砖，从屋里搬到屋外，再从屋外搬到屋里。人们都觉得很奇怪，有人问他为什么要这样做时，陶侃说，他现在虽然只是文官，但还是希望为国家出力，如果现在不锻炼，等到国家需要他的时候就晚了。

　　后来，东晋王朝多次发生内乱，晋元帝开始惧怕王敦以及王氏的势力，并对其势力进行抑制。王敦于永昌元年（公元322年）起兵攻入建康。公元 323 年，晋元帝因王敦作乱，忧愤而死。后来晋明帝继位，王敦再次带兵攻打建康，但是失败了，他也病死了。

值此朝廷危难之际，陶侃重新被重用。陶侃虽然身居高位，但是他做事仍然谨慎。无论大小事情，他都一一询问，亲力亲为。陶侃规定了严明的纪律，一次，他的手下因为喝酒耽误了公事，陶侃得知后，没收了他的赌具和酒器，还用鞭刑惩罚了他。从此，他的手下再也没有人做过类似的事情。

还有一次，陶侃外出时，看到路人随手把玩没有成熟的稻穗。陶侃立刻严声质问，路人却不以为意，认为只是随手把玩些无用之物，没什么好大惊小怪的。陶侃见他的态度如此，火冒三丈，让手下的人狠狠地惩罚了他。百姓们见陶侃如此，内心受到了极大的鼓舞。

公元 327 年，苏峻、祖约叛乱，攻进建康，举国震惊。最终陶侃在历经多次苦战后，平定了叛乱，救东晋于水火之中。

祖逖北伐

祖逖是两晋时期著名的将领，他与刘琨是很好的朋友，为了报效国家，祖逖与刘琨日夜苦练武艺。西晋中后期爆发了八王之乱，随后，公元311年，永嘉之乱爆发，祖逖就带着全家人来到了江南。

公元313年，祖逖向司马睿提议想要北伐，但是当时司马睿没有北伐的想法，没有给他军队，只给了他一千人的口粮和三千匹布帛。祖逖只能自己想办法，他招募了一批兵士，渡过了长江。在渡江的时候，祖逖发誓，一天不收复中原，自己就一天不回家。他的决心感动了大家，大家都纷纷表示愿意跟随他北伐。

在淮阴的时候，祖逖补充了自己的装备和人马，这时候他的军队人数达到了两千多人，而且在其行军的途中，也兼并了一些其他的军队，他的实力逐渐强盛。当时中原豪强地主横行，他们建造了很多坚固的城池，用来防御和作战。祖逖为了阻止他们，开始大力打压那些偏向于匈奴的豪强地主，最终成功地扳倒了他们。

北伐过程中，祖逖与张平、樊雅交战，祖逖先将张平的军队打败，占领了太丘。而在祖逖乘胜追击樊雅的时候，阻力不断，祖逖只好向陈川求援。

陈川立刻派李头前来救援祖逖，在李头的协助下，祖逖打败了樊雅。祖逖很欣赏李头，就将缴获的战马都给了李头，李头十分感激祖逖，表示愿为祖逖效忠。然而，此事引得陈川大怒，于是杀死李头。李头的亲信冯宠便率手下四百多人投奔祖逖。陈川派部将魏硕劫掠豫州诸郡，结果被祖逖派兵击溃。陈川非常恐惧，便率部归附后赵石勒。

公元 319 年，祖逖进攻蓬关，讨伐陈川。石勒派石虎支援陈川，祖逖大败，石虎留桃豹于此处守城。公元 320 年，在祖逖与桃豹对峙的时候，双方粮草紧缺，祖逖就利用少量的粮草来引发桃豹军队大乱，结果对方军队的军心因为粮食分配不均而出现动摇。祖逖还命令士兵在半路埋伏，截获了桃豹的救援粮草，对方军队再无力抵抗，全线溃败。

公元 321 年，晋元帝重用戴渊，祖逖辛苦收复河南，却仍得不到朝廷信任。为此，他每日郁郁寡欢，最后忧愤而死，时年五十五岁。

王羲之与《兰亭集序》

王羲之是东晋书法家王旷的儿子。他受父亲的熏陶，从小就喜欢书法，最爱前人的书迹、碑帖（tiè）。

王羲之曾任多个职位，常被称为"王右军"，后因为和王述不和，辞去了职务。从此他更加潜心研究书法，技艺达到了登峰造极的地步。

王羲之《兰亭集序》（部分）

永和九年（公元353年）三月三日，王羲之与谢安、孙淖等41人，来到山阴（今浙江绍兴市）的兰亭，众人吟诗助兴。这些人边作诗边喝酒，因为兴致高昂，结果作出了几十首好诗，并且将这些诗汇集成《兰亭集》。

为了纪念他们这次出行，大家公推王羲之为诗集《兰亭集》写序文。王羲之爽快地命书童摆下笔墨，又环顾兰亭美丽的山水林木风光，文思如泉涌。他一挥而就，写成了三百二十四个字的《兰亭集序》。可惜的是这后来被誉为"天下第一行书"的真迹早已经失传，仅剩临摹本存世。

王羲之有一个养鹅的爱好，有时不惜重金也要买到好鹅。他的《换鹅帖》就有这样一段趣事。

山阴城外的一个道观的住持养了一群白鹅。王羲之得知了这一消息果然前往欣赏。他高兴地来到道观外，一下就被池塘里的鹅吸引住了。

王羲之马上呼唤仆人，要求他们将道观中的住持请来，与他一起商议事情。

道观的住持来到之后，王羲之便与住持坐在一起。在落座之后，王羲之就立刻向住持请求将鹅卖给他。住持却很为难，原来这些鹅本来就是道观的观赏物，不能够说卖就卖。王羲之依然不肯放弃，想要用更多的钱来换取这些鹅。最终，因为住持十分欣赏王羲之的字，所以就要求王羲之写一幅字给他，他便将鹅送给王羲之。王羲之欣然接受了住持的要求，爽快地写了一卷《道德经》。

由于《道德经》是用来换鹅的，所以这卷《道德经》也被后人称为《换鹅帖》，这也是王羲之的杰作之一。

大画家顾恺之

顾恺之是东晋时期大名鼎鼎的画家，一生作了许多画，如《洛神赋图》《女史箴（zhēn）图》等，都非常有名。

顾恺之擅长画人物，他非常重视对人物性格和神情的刻画，同时也很注意描绘周围的环境。不过顾恺之画人物时，最重视的还是画眼睛。他认为眼睛是人物最传神的地方，因此他画人物时，从来不先点眼珠。有一年，都城建康修建瓦官寺，主持寺院的和尚倡议群众募捐以修建寺院，可是得到的钱款却远远不够。

正当和尚们为钱发愁时，顾恺之提出要捐款，不过需要一面白墙，半信半疑的和尚们照做了。随后，顾恺之来到寺院，关起门，开始在墙上精心作画，等最后剩下眼睛时，他打开门，对满脸疑惑的和尚们说可以放人进来看了，但是要求前来的观看者现场观看绘画时捐款，以后就随便了。

和尚们听了，更摸不着头脑了，纷纷询问原因。

顾恺之笑着答道："画人像，最关键的是眼睛，因为眼睛最能传达心中的思想。眼睛画好了，那画中人就会活起来，变得有血有肉。"

和尚们听了，禁不住点头赞同。顾恺之又说："明天，我要当着大家的面给画像点上眼睛。"

和尚们把这个消息传了出去。第二天一早，寺院门外已是人山人海，大家都想亲眼看顾恺之给画像画眼睛。当顾恺之走到画像跟前，潇洒地一挥笔，给画像点上了眼睛后，喝彩声此起彼伏，因为画中人物因此而变得活灵活现。大伙儿争先恐后地掏钱捐款，光是这一天收到的钱就已经很多了。

从此以后，顾恺之的名声传遍全城。

除了人物画之外，顾恺之的山水画也非常有名。有一次他到会稽游玩，秀美的景色让他流连忘返。回来后，朋友问他会稽景色如何，顾恺之无比兴奋地用了很多的形容词来回答朋友的问题。在他的眼中，会稽的山水和人一样，有生命，有情感，他仿佛能与它们交流。用拟人的手法描绘自然风光，在今天看来并不算独特，然而在当时却是非同寻常，以至顾恺之的那段话成为古代描写山水的名句。

桓温弄权

经历了王敦、苏峻叛乱后，东晋朝廷对统兵的将领十分忌惮，而这时在荆州地区，桓温的势力却越来越大。

桓温，荆州刺史，手握兵权。成汉政权内部不稳，他决定率兵攻打成汉以建立功勋。公元347年，他率兵平定蜀地，一时名声大振，然而朝廷怕他功高盖主，因此对他处处提防（dī fang）。

公元354年，桓温统率晋军从江陵出发，兵分三路，目标直指关中的前秦。在殽函与前秦主力发生激战，秦兵被打得一败涂地。桓温一路挺进，并在长安附近的灞上驻扎。

桓温本可一鼓作气，拿下长安，可是他却没有那么做，他一拖再拖，想借此攫取政治资本，然而却使前秦得到喘息的机会，桓温白白丧失了极好的战机。

由于一时灭不了前秦，又没有足够的军粮，桓温只好退兵。这次之后他又进行了两次北伐。第二次北伐时，他一度收复洛阳，但是由于朝廷内部不和，前燕又出兵进攻了洛阳。而第三次北伐时，虽然他率兵进攻前燕，一直打到了枋（fāng）头（今河南浚县西南），但是粮食供给被前燕切断，他最终战败，北伐也前功尽弃。

经历了几次北伐后，桓温的政治野心不断膨胀。公元 371 年，桓温带兵进入国都建康，设计废黜司马奕，改立晋简文帝，他带兵驻扎姑孰（今安徽当涂），并把控军政大权。

晋简文帝去世后，晋孝武帝继位。原本想称帝的桓温，得知此消息后，十分恼火，又一次带兵进入了建康。

朝廷的官员看到桓温的将士们杀气腾腾，顿时吓得胆战心惊。桓温点名王坦之、谢安两位声望较高的士族大臣到他的官邸见他，并事先在客厅后面埋伏了一批士兵。

王坦之走进相府，吓出了一身冷汗。而谢安却若无其事地坐下，对桓温说："历来讲信义的大将都把兵马布置在关外防敌，您为什么把士兵藏在客厅后呢？"

桓温听后很尴尬，便把士兵撤走了。

桓温看到东晋士族中反对他的势力不小，他最终也没敢篡位。不久之后他就去世了。

扪虱谈天下

当桓温在东晋政坛上叱咤风云的时候，北方出现了一位赫赫有名的政治人物，这个人叫王猛。

王猛生活的那个年代，国家局势四分五裂，东晋王朝偏安于长江以南的地方；北方地区则被各少数民族占据，他们各自建立政权，互相残杀。王猛生活在北方，看到频繁的战争给人们带来深重的灾难，决心解救万民于水火。他平时注重钻研治理国家的学问，对历代圣贤名将的事迹非常熟悉，并且还有意识地游历四方，访问贤能，了解天下形势。

当东晋将领桓温第一次北伐驻军灞上的时候，王猛去驻军大营求见，桓温接待了他。两人在交谈时，王猛一面从容地分析天下形势、治国策略，一面旁若无人地把手伸进衣襟里摸虱（shi）子。桓温越听越入神，他为关中能有这样的人才而暗暗称奇。

不久后，桓温决定退兵，临行前，邀王猛一起南下，王猛知道东晋王朝的内部矛盾很大，便拒绝了桓温的邀请，回华阴去了。

前秦的苻坚胸怀大志，听说了这件事，知道王猛是个人才，立即派人请其出山。两人一见如故，非常投机。

公元357年，苻坚自立为大秦天王，王猛深得苻坚信任，累迁司徒、录尚书事。在任职期间，王猛严格执法，刚正不阿。经他的整顿，社会风气大为好转。

王猛不仅在政治上有杰出的才能，在统兵打仗上也很出色。他为前秦南征北战，立下赫赫战功。他曾率兵攻打东晋荆州，讨伐叛乱的羌人敛岐等，均取得了胜利，扫清了苻坚通往中原道路上的障碍。公元370年，王猛还率军灭掉了前燕。而后，王猛出任前秦丞相，在任期间，前秦呈现出国富兵强的新局面。

就在王猛大展宏图之时，却病倒了。临终前，他语重心长地劝苻坚不要攻打东晋。可是王猛去世后，苻坚并没有听从他的遗言，结果在淝水大败。

苻坚一意孤行

　　自公元 376 年，前秦灭了前凉、代国使得北方趋于统一后，苻坚为了达成统一北方的宏愿，不断进攻东晋。

　　公元 382 年，苻坚准备再次进攻东晋。他召集大臣共同商讨此事，却遭到了大臣们的一致反对。他们提出，不能小看敌人的实力，盲目地进攻，需要量力而行。就连身为武将的石越也认为时机不对。然而，苻坚却根本听不进大臣的话，他认为现在必须要进攻东晋。他赶走了大臣，单独留下了苻融，他想知道苻融的看法。然而苻融对他的进攻主张也不赞同，并且他还劝说苻坚要先休养生息，养精蓄锐后，再进攻东晋。

　　苻坚见苻融也如此，倍感失望，他认为现在秦国实力已经很强了，攻下东晋轻而易举。苻融见他如此不听劝诫，突然想起王猛，就立刻利用王猛的遗言来劝苻坚，苻融认为如果苻坚亲征，一定会使得一些不轨之臣谋反，那么他的帝位便会不保。苻坚一时间没有说话，但是他并没有打消攻晋的念头。

　　一天，慕容垂求见，他曾是燕国的大将，如今归附前秦。苻坚让他谈谈对攻晋之事的看法，慕容垂便迎合地说："我国强大，晋国弱小，攻打晋国乃理所当然之事。陛下只要自己决定即可，何必在意他人的看法。"

这正是苻坚一直想听到的话，他高兴地说："看来，这朝中只有你我能共同评定天下了。"随后，苻坚赏赐慕容垂五百匹绸缎作为嘉奖。

在得到慕容垂的支持后，苻坚便开始为攻晋做准备。他的妻子、儿子等都劝他放弃进攻的念头，苻坚却一意孤行，坚持要攻打东晋。慕容垂一直都想要复国，苻坚这种一意孤行的行为，正好给了他复国的机会。公元383年，苻坚力排众议，组织八十七万大军攻打东晋。他任命慕容垂为先锋，姚苌（cháng）为大将军。此次作战，在淝水战败，各族首领乘机自立，苻坚被羌族首领姚苌所杀。

谢安镇定自若

　　谢安，字安石，东晋著名政治家。谢安多才多艺，善行书，通音律，性情闲雅温和，处事公允明断，不专权树私，不居功自傲。更值得一提的是他遇事淡然、镇定自若，天大的事情他都能够轻易解决。

　　谢安出身名门望族，与王羲之交好，两人常常在会稽的东山吟诗作对、喝酒聊天。谢安是一个有才干、有能力、有威望的人，但其为人很寡淡，不喜欢功名利禄，所以一直隐居，不愿做官。直到他四十多岁才再次出来做官，这就是"东山再起"这一成语的由来。

　　公元383年，苻坚组织八十七万大军进攻东晋。晋孝武帝和官员觉得形势危急，都征求谢安的意见。当时，前秦常常骚扰东晋北部边境，谢安推荐了自己的侄子谢玄统帅江北各路人马，以御前秦。谢玄到广陵后，立即招募军队，其中很大一部分是从北方逃难而来的百姓，谢玄知人善任，成立了一支战斗力很强的军队，被称为"北府兵"。

　　谢安面对前秦的近百万军队，重新部署了兵力，以弟弟谢石为大都督，谢玄为前锋都督，在江北抵抗秦军步兵，同时命令胡彬带水军到寿阳，抵抗前秦水军。

　　然而，东晋与前秦的兵力相差悬殊，谢玄等将领对于取胜并不抱很大的希望，他们都很担心。但是谢安却很镇定，甚至在谢玄的好友张玄来问应对之策的时候，谢安还邀请张玄一起下棋、欣赏美景，好像完全不在意眼前的危急局面。

　　到了晚上，所有的将领都来到了谢安的住处，谢安将目前的战局情况一一向他们说明，并且进行了详尽的部署，这些将领看到谢安的部署后，终于放下了心。

　　荆州的桓冲担忧苻坚的进攻会威胁到建康的安危，便派兵增援建康，可谢安知道后，将桓冲的军队赶回了原地，桓冲为此很是担忧。然而，苻坚还没有到建康的时候，经淝水一战，秦军已败退，死伤无数。

谢安对弈

淝水之战

北府军在袭击洛涧前，经历了一段战事胶着的时期。那时，胡彬依照谢安的吩咐前去寿阳，但胡彬到寿阳的时候，寿阳已被攻破。无奈之下，胡彬只能退守硖石（今安徽寿县西北），等待与谢石、谢玄会合。苻融见形势大好，便继续进攻，断了胡彬的后路。胡彬被困以后，后勤无法保障，粮草吃紧，他便派兵给谢石送信，可送信的士兵被秦军抓获，这封信也落到了秦军首领的手中。

苻坚收到消息后，对秦军的实力更加自信，就带八千名骑兵，赶往了寿阳，与苻融商量对策。他想迫使晋军投降，于是派使者前去交涉。苻坚所派的使臣是任前秦尚书职务的晋军俘虏朱序，可朱序不仅没有劝晋军投降，反倒让晋军加紧反攻。谢石、谢玄听了朱序的建议，立即出兵，给了秦军当头一棒。晋军在对岸利用草木作为遮掩以扰乱秦军的视线，使得秦军以为草木中都是晋军，最终秦军战败，这就是"草木皆兵"这一成语的来历。

此战后，晋军见秦军没了动静，怕继续等下去，秦军援兵到后对自己不利，晋军便派人给苻坚送去一封信，要求秦兵略向后移，以便渡河作战。符坚看过信后，有了自己的计划，他想要在晋军渡河还没落稳时，一举将其歼灭。

但是谢玄带领军队快速渡过了淝水（今淝河，在安徽），并直接对秦军开战，这使得秦军之前的部署全部落空，秦军大乱，朱序趁机在秦军中散布秦军已败的消息，使得秦军军心溃散，士兵们纷纷逃散。最终，符融被杀，符坚逃跑。没有了统帅的秦军战战兢兢，听见风声和鹤的叫声都以为是追兵，这也是"风声鹤唳"的来历。

晋军胜利的消息传到了谢安处，谢安也很激动。但是谢安却还能够镇定自若，对于友人的提问也只是轻描淡写，一句话带过。淝水之战，东晋极大地削弱了前秦的实力，前秦的控制力也因此降低，各族首领纷纷独立起来，建立了自己的国家，符坚最终也没能逃离被杀的命运。

陶渊明归隐田园

东晋虽然成功地阻挡住了前秦的攻击，但是其自身的衰败却是谢安无能为力的。公元402年，建康被桓玄占领，公元403年，桓玄自立为王。数月之后，北府兵将领刘裕战胜了桓玄，晋安帝得以复位，但是东晋这时候已经是苟延残喘了。

而在东晋末年，却出现了一位大诗人，这个人就是陶渊明。陶渊明是晋朝著名将领陶侃的曾孙。陶家没落已久，因此，陶渊明的生活十分困苦。尽管生活不富裕，但陶渊明还是受到了良好的教育，他博览群书，性情高洁，不贪慕虚荣，这种品格影响了他的一生。由于这种性格，他无法忍受官场上的条条框框，最终他选择了辞官归隐。但是陶渊明身为名将后代，很受人们推崇，他最后一次任职为彭泽（今江西九江东北）县令。

然而，在陶渊明当了一段时间的官以后，他看到东晋朝廷腐败的风气，认为这样的朝廷已经无法再支撑下去，因此他非常失望。受到时局动荡的影响，再加上自身的傲气，陶渊明无法融入到朝廷中，辞官的念头又一次开始萌发。后来，督邮到彭泽来视察，陶渊明知道那个官员是个无知的花花公子，他一想到要去强颜欢笑地迎合这样的人，就更加坚定了辞官的决心。不久后，他再一次辞官，这次他彻底结束了仕途生涯。

陶渊明

自此以后，陶渊明真正地过上了归隐的生活。日子虽然清苦，但是他丝毫不在意。他摆脱了官场的束缚，过上了每天饮酒作诗的悠闲生活。归隐后，陶渊明创作了很多优秀的作品，代表作有《归去来兮辞》《归园田居》《桃花源记》等。

《桃花源记》是陶渊明思想境界的一个高峰，文章用虚构的手法，把桃花源构建成人们辛勤耕织、安居乐业的社会。这篇文章寄托了陶渊明对美好生活的向往以及他对黑暗现实的失望。后世对陶渊明的著作有着很高的评价，陶渊明的作品在中国文学史上占据着重要的地位。

刘裕巧施却月阵

晋安帝虽然复位，但是大权却掌握在刘裕手中。刘裕出身贫苦，在士族中并没有地位。他为了提高威望，决定发动战争，他想要在北伐战争中建立功勋。公元409年，刘裕从建康出发，进攻南燕，南燕国主无奈只能向后秦请求支援。

当时的后秦是北方较大的一个国家，国主是姚兴。他在接到南燕请求后，就派使者去见刘裕，并告诫刘裕，后秦和南燕同仇敌忾，后秦已经派了十万大军驻扎在洛阳，只要南燕受到威胁，他们就会直接出兵。刘裕了解到这一情况后，并没有表示出要撤兵的打算，反而更加坚定了他想要灭掉南燕的决心，他还计划着在灭掉南燕后，顺道灭掉后秦。

后秦的使者走后，刘裕的手下很是担忧，然而刘裕却认为这只不过是后秦虚张声势罢了。公元410年，刘裕顺利地灭掉了南燕。几年后，刘裕再次北伐，攻打后秦。公元417年，后秦为东晋刘裕所灭。

刘裕攻打后秦的途中与北魏交战。两军对峙，多次相互试探无果，后来刘裕派兵将和兵车登上河流的北岸，在岸边摆开半圆形的阵势，此阵的两翼紧紧靠着河岸，中间突出，中间的兵车上还竖着白羽毛。由于此阵的形状看起来像月钩，所以被叫作"却月阵"。

魏兵看到晋军在远处布阵，十分疑惑，过了一会儿，晋军所布之阵的中间的车上，举起了白羽毛，这时从两侧拥出大批兵士，他们都带着大弓，跑向兵车。魏兵看到这阵势，并没有在意，就派了三万骑兵去迎战。只看眼前情况，晋军百箭齐发也挡不住魏兵的进攻。但是在却月阵后方，晋军却布置了一千多支长矛，蓄势待发。在魏兵猛攻之时，晋军就用长矛攻击魏军，长矛一次可以杀死多个魏兵，魏兵一下死伤大半。魏兵被这种武器吓坏了，开始节节后退，不敢上前。晋军乘胜追击，打败了魏兵。

晋安帝死后，刘裕的野心膨胀，并逼迫新帝让位于他。公元420年，刘裕终于做了皇帝，他就是宋武帝，东晋王朝自此灭亡。

一代名将檀道济

檀道济

宋武帝称帝不久便去世了，他的儿子刘义符继位，经过废帝风波后，公元424年，刘义隆登上帝位，即宋文帝。北魏在宋朝政局不稳时，攻打宋朝，并且成功占领了大片土地。后期，宋文帝派檀（tán）道济率军前去迎战。

檀道济奉宋文帝之命抗击魏军。在出征后不久，宋军连打许多场仗，节节胜利，一路追击，打到历城（今山东济南）时，檀道济就骄傲起来了，防备也有点儿松懈了。魏军抓住机会，派骑兵绕到宋军后方，烧了宋军的辎重，宋军形势非常危急。檀道济明白，如果这时匆忙撤退，魏军便会怀疑宋军已无军粮而大举进攻，宋军很可能全军覆没。檀道济觉得，目前最要紧的就是让魏军相信宋军还有充足的粮草。

一天晚上，宋军军营里灯火通明，檀道济亲自带领一批管粮的士兵在一个营寨里查点粮食。士兵们一边用斗子量米，一边拿着竹筹高唱着计数。有人偷偷地向营里望了一眼，只见一个个米袋里都是雪白的大米。许多宋军将士也以为是后方送来了军粮，军心大振。

魏军的探子把这个消息告诉了魏将，魏将信以为真，果然不敢贸然追击宋军。檀道济就这样率领宋军安全撤退。其实檀道济在军营里量的并不是白米，而是一斗斗的沙土，他只是在沙土上覆盖了少量的白米。

檀道济是宋武帝、宋文帝两朝的名将，他战功赫赫，威望越来越高，便引起了朝廷的猜疑。当时，宋文帝生了一场大病，掌管朝政的彭城王刘义康担心宋文帝死后难以控制檀道济，便在宋文帝面前说了他很多坏话。公元436年，檀道济被处死。

檀道济死后，魏军便肆无忌惮地攻打宋国，宋文帝看到这番景象，十分后悔当初杀了檀道济。

高允修国史

公元386年，鲜卑族拓跋珪，建立了北魏（初称代国，同年四月改国号为魏），他就是魏道武帝。在北魏王朝建立初期，朝廷十分重视人才。在这些有才之士的帮助下，北魏不断扩大疆土，先后吞并众多国家，实现了北方的统一，与南朝形成了对峙局势。魏太武帝拓跋焘执政时，立志修撰北魏国史。主修国史的负责人是崔浩，他学识渊博，为人正直固执。

修国史一事受到了鲜卑贵族们的关注，他们不希望国史上出现过于真实的记载，希望修史者能把他们的部族发展史进行美化。但是崔浩一身傲骨，仍坚持己见。

几年后，国史完成。国史里面记载了北魏开国前真实的社会面貌，出现了很多落后、野蛮的记载，其中也包括一些不光彩的皇室事迹。这样的国史让贵族们和魏太武帝都很不满。

崔浩在国史完成后，把它刻在石碑上，供路人参观。贵族们纷纷上书弹劾（hé）此举。魏太武帝勃然大怒，要查办所有撰写国史的人。由于修国史的人员中有高允，他理所当然地在查办行列。

太子为此找到高允，告知他在面圣时，要按照有利于自己的说法来回答。但是高允并没有照着太子的话做。魏太武帝召见高允，询问国史主要由谁撰写，高允回答自己负责撰写国史的具体内容。

魏太武帝见他如此，便看着太子，太子急忙帮高允说话。但高允却仍旧坚持自己的说法，实事求是。魏太武帝见到高允这样忠厚，赦免了他的罪。

但是崔浩却要被满门抄斩，高允拒绝起草诏书，他认为崔浩并没有什么罪，即便写国史触犯了朝廷的威严，也只能判崔浩一人的罪。魏太武帝一气之下把他捆了起来。最后还是太子救了他，高允实话实说的事情很快被传开，可最终崔浩一家还是遭到满门抄斩。

聪慧的拓跋焘

南北朝时期，南朝北期并立，北魏是由拓跋氏所建立的。拓跋氏原本居住在关外一带，在东汉时期迁移到了漠北附近。公元423年，魏明元帝拓跋嗣（sì）去世后，他的儿子拓跋焘继位。

拓跋焘继位的时候只有十五岁，但是他很有志气，能力也很强，所以他想要统一北方，进驻中原。拓跋焘任用崔浩为代表的汉族士族，以鲜卑骑兵击败柔然，攻灭夏、北燕、北凉，取宋虎牢、滑台等河南地，统一中国北方。

拓跋焘与柔然的作战中，尽显了他的智慧。柔然进犯北魏，拓跋焘就想组织士兵对抗柔然的军队。虽然他已经有了自己的想法，但还是找来了众大臣商议。大臣们对于与柔然的作战都很畏惧，但是也有几个人主张开战。拓跋焘对于那些畏惧的大臣很是不满，对他们都进行了惩罚，此外他还御驾亲征，亲自率领军队抵抗柔然军队。

拓跋焘带领着军队直奔盛乐城，在这里拓跋焘看到了柔然的首领大檀。大檀在城楼上喊话让拓跋焘投降，而且当着拓跋焘的面残害城里的百姓。虽然拓跋焘很生气，但他还是镇定地命令军队在城外安营扎寨。

　　第二天，拓跋焘便来叫阵，大檀并不惧怕拓跋焘，于是就出来迎战了。当拓跋焘看到大檀出来，他不但不应战，反而直接逃走了。此时大檀以为拓跋焘怕他，于是下令追击拓跋焘。可是他却被拓跋焘引到了一个黄沙地，拓跋焘事先在那里埋伏好了很多的铁蒺藜（jí lí），拓跋焘的军队见到黄沙地就弃马四散奔逃，而大檀则继续追击，最终，大檀的战马踩到铁蒺藜，顿时人仰马翻。

　　此次作战，柔然以兵败告终。

祖冲之与圆周率

公元 453 年，宋文帝的儿子刘骏即位，他就是宋孝武帝。宋孝武帝在位期间，出现了一位伟大的科学家祖冲之。

祖冲之的父亲想要儿子成才，所以祖冲之在很小的时候就已经开始读《论语》。他的祖父看他经常询问天文现象，于是祖孙三代经常一起研究天文。由此，祖冲之对天文的学习兴趣变得越来越浓厚。祖冲之常常观测日月星辰的运行轨迹，学习天文历法和数学，同时他还对各种机械制造非常感兴趣。通过刻苦钻研和不断实践，祖冲之最终成为了杰出的数学家、天文学家。

祖冲之推算的圆周率，是其在数学方面的主要成就。在那之前也有人计算过圆周率。秦汉时期，人们一直都以"径一周三"作为圆周率，这是"古率"。但是，它的误差很大，而后修改为"圆径一而周三有余"，但是"有余"应该是多少一直无法确定。直到魏晋时期，刘徽采用"割圆术"对圆周率进行计算，得出圆周率约为 3.14。根据刘徽的研究，得出结论：圆内接正多边形的边数越多，求得圆周率越精确。

祖冲之在前人的基础上，刻苦研究、反复运算，终于完成了艰苦卓绝的工程，他推算出圆周率在 3.1415926 和 3.1415927 之间，是世界数学史上第一个把圆周率精确推算到小数点后七位的人。

在天文历法方面，祖冲之制定了一部《大明历》，其中规定历年长度为 365.2428 天。这是中国南宋《统天历》（1199 年）以前最接近实际的一个数据。

祖冲之在机械制造方面也取得了一些成就，他改造"指南车"，并且研制出"水碓（dui）磨"，以及"千里船"。

为了纪念他，月球上的一座环形山被外国科学家命名为"祖冲之环形山"。

贾思勰编写《齐民要术》

北魏建立之前，中原的北方地区长期处于割据状态，这种局面持续百年后，拓跋氏建立了北魏，才使得割据的局面被打破，北方逐渐实现了统一。在战争结束之后，北魏注重发展经济，北方社会的经济和政治状态逐渐恢复，并且出现了繁荣的局面。

北魏时期，朝廷为了推动经济发展，实施了一系列改革措施，给农业生产带来了极大的发展机遇，稳定了社会经济。然而，即便如此，当时北魏的农业生产仍然处于低水平阶段，北魏的农业生产亟待得到进一步发展。

为了推动农业发展，朝廷决定以农为主，并对农业进行督办，如果有违反政令的官员就免官。太和九年（公元485年），朝廷颁布了均田制。自此，北魏的农业发展蒸蒸日上，这为贾思勰撰写农书带来了极大的便利。

贾思勰利用各种机会接触农民，不断地积累关于农业方面的知识。他想要把自己了解到的先进农业技术推广到全国，这样就能够更好地推动农业的发展。为了达到这一目的，他决定编撰一部农书。

为了编撰农书，他开始广泛地收集资料，考察各地的农业情况，无论到哪里，他都会十分细心地观察当地的农业生产状况，甚至亲自体验农业生产的过程，这使得他开阔了视野，扩充了自己的农业知识。在资料收集的过程中，他很注重实践与理论相结合，并向经验丰富的老农询问相关知识，以丰富自己的知识储备。

渐渐地，他积累的知识越来越多，不但总结前人的经验，还结合自己在实践和体验中获得的知识，在花费了数十年的时间后，终于编撰出了一本农书，这本书就是《齐民要术》。

《齐民要术》是我国完整保存至今最早的一部对农业生产经验进行总结的书，其内容包罗万象，可以说是一部名副其实的农业方面的百科全书。

郦道元编著《水经注》

南北朝时期，在政治稳定的情况下，南方与北方的文化交流日益密切。在这一时期，出现了第一部记录全国河流情况的综合性地理学著作《水经注》，它是由北魏的郦道元所著。

郦道元曾在多个地方任职，阅历丰富。他为人正直，办事果敢，对违法乱纪的事总是惩处严厉，即便是贵族也一视同仁。在任职期间，郦道元得知汝南王的亲信丘念犯了罪，他便用计将他抓获。即便汝南王找来太后说情，丘念仍被处死。因此，朝廷中的一些权贵都十分记恨郦道元，最后郦道元死于他们的算计中。

郦道元能够名留史册，最重要的是由于他的著作——《水经注》。

郦道元从小爱好游览名山，他在年轻时，已游遍了北方的山山水水。通过游历，他看到了各地不同的水文地理、风土人情和历史文化，他对这

郦道元

些事物也有了更为真切的了解。郦道元还喜爱读书，特别是文学方面的书。随着见闻和知识的日益积累，他时常有一种想要创作的冲动。

他的朋友给了他一本《水经》，他看到后十分喜欢，接连几天废寝忘食地阅读。由于自身的丰富经历和知识储备，他十分了解各地的山水情况和风土人情。为了给《水经》准确地作注，他更是对一些山水进行实地勘察，他的足迹遍及今天的内蒙古、河北、河南、山东、山西、安徽、江苏等地区。

每到一个新的地方，郦道元都要仔细地对地形地貌、水流分布进行考察。他经常请教当地人，不懂的地方还参考史书，他仔细了解古今水道变迁的情况，寻找河流源头所在以及水文特点等等，尽可能搜集更多的资料。终于，经过他的不懈努力，完成了流传至今的地理学名著《水经注》。

《水经注》全书共四十卷，记载大小河流一千二百多条。内容非常丰富，它以水道为纲，对河流流经地区的古今历史、地理、经济、政治、文化、社会风俗、古迹等各种情况都做了尽可能详细的描述。它对我国游记散文的发展起到了相当大的影响。

范缜与《神灭论》

范缜（zhěn），南朝齐梁间著名的唯物主义哲学家，同时他也是一位杰出的无神论者。在当时，佛教盛行，特别是都城建康，无论是皇帝还是平民百姓，都信佛，朝廷为此大量地修建寺院佛塔。

萧子良是南齐竟陵王，是齐武帝萧赜（zé）的二儿子，地位尊贵。他交友甚广，经常在郊外游玩，与有识之士谈天。他笃信佛教，因此他将和尚奉为上宾，热情款待。

但范缜却公开宣扬无神论，不相信神佛。萧子良为此非常恼火。一次，萧子良质问范缜："你怎么解释，如果没有因果报应，如何会有富贵贫贱之分呢？"

范缜回答道："人生好像树上盛开的花，一阵风吹来，花瓣纷纷飘落，各自落到不同的地方，有的落在座席上，而有的落到了粪坑里。这就犹如贵族和平民的分别，人的穷富虽有不同，但哪里体现了因果呢？"他的话让萧子良无话可说。

范缜还写出了《神灭论》这样的唯物主义著作。他指出人的精神和形体是一个统一体，精神必须依附于形体而存在，最终也会随形体的灭亡而灭亡。范缜的《神灭论》出现后，引起一片议论。

萧子良找来众人围攻他，但是并不起作用，萧子良便想用高官厚禄收买范缜。有一天，萧子良派亲信拜见范缜，他劝范缜说道："你这么有才华的人，为什么要写什么文章来跟竟陵王作对呢？不如考虑收回文章，这样安稳地做个官不好吗？"

范缜听后仰头大笑，说："我如果依靠出卖自己的论调来求官职，那我早就可以做到更大的官了，又怎么会是如今的官职呢？"萧子良的亲信回去后讲述了范缜的态度，萧子良也没有别的办法。

冯太后垂帘听政

公元 465 年，魏文成帝去世，冯皇后十分伤心，之后，太子拓跋弘继位，冯皇后就成为了太后，拓跋弘就是魏献文帝。

当时的北魏，因为魏献文帝年龄太小，朝政大权都由大臣乙浑掌控，但是乙浑野心太大，竟想要谋权篡位。他欺负皇帝年幼，想要废黜皇帝，自己称帝。为了实现这一目标，他开始铲除异己。

在政治格局危难之际，冯太后当机立断，与鲜卑贵族秘密联系，成功地将乙浑杀死。冯太后虽然不是魏献文帝的生母，但是却与魏献文帝共同临朝，成为了当时北魏的最高统治者。

公元 467 年，拓跋弘的儿子拓跋宏降生，冯太后表面上说自己要照顾孩子，将大权还给拓跋弘，但是由于拓跋弘年纪依然太小，所有的大事还是由冯太后主持。魏献文帝最终看破红尘，于公元 471 年将皇位传给了拓跋宏，拓跋宏就是魏孝文帝。

在这一时期，北魏国力日衰，国库里已经没有钱了。于是冯太后决定进行改革。孝文帝即位时年仅五岁，冯太后临朝，许多改革实由太后主持决定。公元 485 年，冯太后采纳了李安世的意见，下令全国实行均田制。在这套制度实施之后，下层的劳动人民得到了土地的使用权，这提高了他们耕种的积极性，北魏的生产力逐渐恢复。公元486年，李冲建议实行三长制。这个制度有效地改善了当时的户籍管理工作，而且还有效地解决了当时北魏税收不均匀的问题。这个制度的提出，使得均田制得到了更好地发展和应用。

冯太后经常在朝堂上与大臣们商议朝政。对于是否应实行三长制也与众大臣进行了商议，李冲对于这一制度十分支持，但是大臣们认为新制度要有一个过渡的时期，均田制刚实行，需要等人们适应之后，再实行三长制。冯太后在听了众大臣的意见之后，却坚决执行了三长制。

在实行了这些改革后，北魏的经济得到逐步发展。冯太后的种种举措，使得北魏逐渐强盛起来，从她的谥号"文明"就可以看出人们对她的敬仰。

魏孝文帝迁都洛阳

公元 471 年，魏文成帝拓跋濬的皇后冯氏凭借自己太后的身份，铲除异己，而后冯太后成为太皇太后，垂帘听政二十五年，牢牢地掌握着实际政权，在历史上被称为"文明太皇太后"。

在冯太后垂帘听政的时候，历经两代皇帝，第一个是魏献文帝拓跋弘，第二个是魏孝文帝拓跋宏。孝文帝在位时实施了一系列重要改革，这些改革中的很多内容是冯太后决定和实施的。因此，孝文帝在思想和政治策略方面，受到冯太后的影响甚多。

北魏前期，地方政权多被贵族和豪强所把持。孝文帝想要推行俸禄制，禁止官吏自行向农民征税，以统一财政收入，此举却遭到激烈的反对。

孝文帝最终排除万难，实行了俸禄制，对于贪官污吏严惩不贷，整治了北魏的官场风气。

孝文帝想要加固北魏政权，他知道想要达到目的，就要吸收中原先进文化，彻底地整改落后风俗。但同时他也清楚，想要改革，首先要摆脱鲜卑贵族的阻碍，还要有汉族地主力量的支持。当时北魏的都城在平城，十分贫瘠，食物都需要从中原购买。另外，北方的柔然也对政权稳定存在着威胁，这些都不利于朝廷安全。于是孝文帝就想到了迁都的办法，他想把新都城定在洛阳。

孝文帝迁都洛阳后，立即以汉化为中心内容进行改革。

孝文帝先后颁布了一系列的改革措施。他要求官员和百姓一样，都改穿汉服，都要说汉语，否则就要受到惩罚。他还把鲜卑复姓改为汉姓，就连皇族原有的姓拓跋，也改为姓元等等。他还鼓励鲜卑族和汉族通婚。

孝文帝大刀阔斧的改革，遭到一定鲜卑贵族的激烈反对。其中太子元恂也对改革十分不满，企图反抗，后受到严厉制裁。孝文帝还镇压了多次叛乱，推动了改革的实施。改革促使北方形成相对稳定的局面，推动了鲜卑族和汉族的融合，对经济和文化的交流与发展起到很大作用。

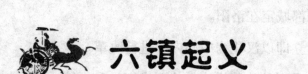

六镇起义

北魏孝文帝将都城迁到洛阳后，就开始攻打南齐。公元 499 年，南齐反攻北魏，魏孝文帝亲自领兵上阵，抗击南齐的军队。这之后不久，孝文帝就病逝了。

孝文帝死后，宣武帝继位。宣武帝时期，北魏逐渐衰落。到孝明帝继位时，因为其年龄小，他的母亲胡太后便开始临朝听政。

胡太后信奉佛教，她期盼佛祖能够减轻她的罪孽。她还修建了永宁寺，并且用金和玉做的佛像来装饰永宁寺。永宁寺的塔共九层。在九层宝塔上挂着很多的风铃，这些风铃发出的声音能够传到很远的地方。北魏的统治者大都信佛，并建造了很多佛像和佛龛（fó kān，供奉佛像的小阁子，多用木头制成）。这些行为耗费了大量的人力、物力、财力，这急剧加重了北魏百姓的生活负担。

北魏在前几代皇帝执政时都很强盛，胡太后偶然得到了前几代君主留下的宝物，就想到要跟别人显摆。她让贵族们纷纷来拿这些宝物，能拿多少是多少，但是这些宝物很多，分量也重，这些贵族平时养尊处优，根本抬不动重物，结果一个个洋相百出。由于胡太后带头，北魏的攀比风气开始盛行。北魏有个叫王琛（chēn）的人，他想要学石崇，于是邀请所有的贵族到他家中饮酒，并且将所有新奇的物件都拿了出来，供大家欣赏，他还将自己与石崇相比较，暗指石崇比不上自己。在北魏的这种攀比风气下，人民的生活可想而知。在重重压迫下，人民最终奋起反抗。

北魏的边境共有六个镇，都有将领把守。公元523年起，六个镇纷纷起义，但却被柔然和北魏的联军镇压了。

后来这些叛军被发往地方服役，可是这些人却不甘受辱。后来他们由葛荣带领，又进行了起义。葛荣的起义军简直势如破竹，而孝明帝这时候则利用尔朱荣来对抗这支起义军，最终尔朱荣成功抵挡住了葛荣起义军的进攻，并且将葛荣引到了自己的埋伏圈。葛荣军队大败，葛荣被俘后遇害于洛阳。

梁武帝出家

萧衍趁齐朝内乱起兵，并夺得了帝位，最终建立了梁朝。他见证了前朝皇族内部相互厮杀的惨剧，所以他对待自己的亲人十分宽容。

梁武帝十分信奉佛教，他对佛教在中国的推广做出了很大贡献。他建造了宏伟的同泰寺，他经常去那里烧香拜佛，这样做是为了积攒功德，为百姓祈福。

梁武帝曾亲自去寺院受菩萨戒。受到他的影响，王侯子弟都以此为荣。南朝佛教也由此走向全盛。在他的影响下，大臣、皇子们都开始信奉佛教。

梁武帝

梁武帝听说印度来了一位高僧名叫菩提达摩，就想要见一见他。他派人请来达摩，向达摩询问自己这么多年所做的事能够积攒多少功德。达摩却说梁武帝的行为并没有积攒什么功德，梁武帝听后很失望。

他又向达摩询问佛学的真谛，

达摩说只要心中有佛，即佛的真谛。梁武帝见达摩每次回答的都是些虚无缥缈的话，就没有继续提问。

晚年的梁武帝，决定出家做和尚，便到同泰寺出家，以表达自己对佛法虔诚的态度。但是国不可无主，他走了以后，无人主持朝政大事。对此情景，大臣们都束手无策，于是在梁武帝出家的几天后，大臣们便去请求他回来主持朝政。

回到皇宫后，梁武帝却不愿意再处理政事，最终他又回到了同泰寺。大臣中有人想到要花钱给皇上"赎身"。但是梁武帝一而再再而三地到同泰寺出家，大臣为他"赎身"的钱已经花费得太多，国库日益亏空。晚年的梁武帝，只想着如何出家，并不关心朝政大事，导致朝政混乱，后来便出现了内忧外患的局面，最终葬送了其身家性命。

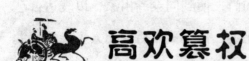

高欢篡权

北魏节闵帝元恭在位期间，大臣尔朱兆拥兵自重。公元531年，高欢不满于尔朱兆拥兵自重，便开始扩充自己的势力。在此期间，尔朱兆命令高欢去征讨当时的河内太守封隆之。高欢认为这是一个机会，于是他就借着征讨之名，名正言顺地将军队带走了。

封隆之知道高欢要来征讨他的时候，很是慌张。这时候他的手下高乾却认为高欢不会听从尔朱兆的命令，他可以去说服高欢。于是封隆之就派高乾去见高欢。高乾见到高欢后，说明了自己的来意，并且劝高欢和封隆之联合，一起征讨尔朱兆，并表示他愿意忠心辅佐高欢。高欢很高兴，就拜高乾为叔，同意联合。后来高欢为防止兵将们不听从自己的指挥，就伪造了文书，假称尔朱兆要对自己和军队不利，将士们全都信以为真，都同意跟随他造反。

高欢见自己的计谋得逞，便假意推辞了一下，接受了大家的造反提议。同时高欢的部将还提议要拥立一个皇室子孙当皇帝，这样他们就出师有名了。高欢认为这个提议不错，就拥立元朗做皇帝。

元朗就是安定王，安定王继位后，封高欢为大丞相，并且统领军务。尔朱兆知道高欢要造反后，就安排人做好了防御。公元532年，高欢攻下了邺城。尔朱兆亲率大军前往邺城时，两方人马在途中相遇，高欢摆了一个阵法，想要用阵法取得胜利。高欢命令斛（hú）律敦带领少量的精兵潜入尔朱兆大军的后部突袭。尔朱兆的军队战败。高欢这一战消灭了尔朱兆的主力军。之后高欢乘胜追击，围捕尔朱兆，尔朱兆战败逃走，后在荒山中自杀。

同年，高欢带领军队打进洛阳，废黜了节闵帝，同时废黜了安定王，改立元脩为帝，即孝武帝。高欢掌管军权，驻守在晋阳。

孝武帝继位后，他与高欢的关系逐渐疏远。公元534年，孝武帝从洛阳逃走，投靠了长安的宇文泰。高欢知道后，十分生气，就立元善见为帝。公元535年，宇文泰将孝武帝杀害，立元宝炬为帝，就是西魏文帝。

自此以后，北魏被划分为两家，一家是以高欢为首的东魏，一家是以宇文泰为首的西魏。

侯景之乱

北魏大将尔朱荣向高欢询问怎样解决六个军事重镇多次反叛的问题。高欢就建议他派心腹去那里当统帅。都督贺拔岳推荐高欢当统帅。高欢并没有接受，并表明自己没有资格，只愿忠心跟随大将军。尔朱荣听了非常高兴，坚持让高欢当统帅。高欢此人非常得人心，他趁着尔朱荣醉酒，宣布了他当统帅的消息，然后就带着部队离开了。从此高欢逐渐得到实权。

北魏分裂之后，宇文泰和高欢分别拥立文帝和孝静帝，建立了西魏和东魏。高欢当了东魏的大丞相，派侯景在河南驻军十万。他临死前派人召侯景回都城时，侯景却不愿意回来。等高欢死后，侯景就投降宇文泰了。

宇文泰并不信任侯景，想召他到长安解除他的兵权。侯景知道后又准备投降南梁王朝。侯景派心腹去见梁武帝，表示自己与西魏和东魏有仇，愿意将十三个州都献给梁武帝。梁武帝有收复中原的野心，为了壮大实力，不顾大臣的反对，封侯景为河南王。同时梁武帝为了事情可以顺利进行，还令他的侄儿带领人马北上去接应侯景。东魏想要铲除侯景，便发兵去攻打侯景，侯景大败，狼狈地逃窜到南梁寿阳（今安徽寿县）。

之后，东魏派遣使者与梁武帝联系。侯景听说了就派人试探梁武帝的态度。梁武帝态度很模糊。于是侯景决定带领兵马攻打建康。这个时期的南梁王朝已经腐朽得不堪一击了，人们醉生梦死，都不敢反抗。叛军包围了梁武帝居住的内城——台城。而后，叛军攻破南梁王朝都城，俘虏了梁武帝，并将他饿死了。

公元551年，侯景自己登基称帝。侯景为人贪婪残暴，人们都恨透了他。等到梁元帝，就是湘东王萧绎在江陵称帝后，就派王僧辩等发兵攻打建康。侯景战败逃走，他在逃跑的路上被部下杀死了。

平息了"侯景之乱"，南梁王朝也近乎覆灭，而后，陈朝崛起而代之。

高洋残暴无道

公元 550 年，高欢的儿子高洋逼迫东魏的皇帝孝静帝禅位，自己便登上皇位，建国号为齐，史称"北齐"，他就是齐文宣帝。西魏的宇文泰率大军进攻北齐，被高洋阻拦住了，宇文泰看到北齐的军队阵容整齐，认为很难取胜，就退回了长安。公元 556 年，宇文泰死了，他的儿子宇文觉继承了他父亲的官爵，并且逼迫西魏的皇帝禅位，遂于公元 557 年登基称帝，建国号为周，史称"北周"，其为周孝闵帝。

高洋在刚刚继位的时候，四面征战，整顿吏治，国力逐渐强盛。但是后来高洋就开始堕落了，最终发展成一个暴君。在高洋的后宫中，他最喜欢的就是薛贵嫔，但是他听说薛贵嫔曾与高岳私通，于是高洋就将其杀死了，还将她的头颅砍下，用她的腿骨做成琵琶弹唱。

高洋十分喜欢喝酒，一次他喝醉酒开始胡闹，娄太后知道后，就拿着手杖打他，高洋醉了，谁都不认识了，就骂了娄太后。后来，高洋和娄太后开玩笑，就将娄太后的床掀了，导致娄太后受伤。高洋酒醒后很后悔，命人打了自己，但是高洋酗酒的毛病依然没有改。

高洋不仅好酒，而且好色。一次，高洋看到寡嫂元氏貌美，就寻找机会潜入了她的府中，将她强暴了。

高洋的皇后是李祖娥，皇后既贤德，又漂亮，但是高洋却垂涎她姐姐的美色。他召皇后的姐姐入宫，将她强奸了，然后又用手段杀了皇后姐姐的丈夫，想要长期霸占着皇后的姐姐，最终还是皇后和娄太后劝说，才打消了高洋的这种念头。

高洋喜怒无常，动不动就杀人。高洋在位期间，仆射崔暹（xiān）死了，高洋前来拜祭，并询问崔暹的妻子是否想念崔暹，她回答想念，高洋就将她杀了。

当时，北齐有个大臣叫杨愔（yīn），他长得很胖，高洋对他很有兴趣，就用鞭子使劲地抽他。杨愔的血染湿了衣服，结果高洋还不放过他，并在他的肚子上划出了很多的刀痕，杨愔差点儿就死了。

高洋如此残暴无道，北齐的命运也就可想而知了。

陈霸先建陈

公元 535 年，宇文泰拥立元宝炬做皇帝，他则统揽朝政大权。公元 551 年，元宝炬去世，宇文泰虽然很想称帝，但是没有胆量，随后，元钦继位当了皇帝。为了能够顺利地控制元钦，宇文泰很早就将自己的女儿嫁给了元钦。元钦很有骨气，也有志向，秘密地联系众人，想要除掉宇文泰。然而，事情却败露了。宇文泰恼羞成怒，废黜了元钦，他的女儿痛恨父亲的绝情，喝下毒酒死了，为此宇文泰很是伤心。

宇文泰虽然想登基称帝，但是心里总是觉得不踏实，就找人来算命，结果算命的说西魏的气数还未尽，所以不能够贸然篡位。因此，宇文泰只能改立元廓为帝，自己再等待时机。然而，没过多久宇文泰就死了。他在弥留之际，托孤于自己的侄子宇文护。元氏一族本想趁机夺回政权，但是宇文护却先动手了，他带兵闯进了皇宫，逼着元廓交出了玉玺。

公元 557 年，宇文护帮助宇文泰的儿子宇文觉登上皇位，建国号为周。自此西魏便不复存在了。宇文氏篡位的消息很快就传开了，南梁的陈霸先听说了这个消息后，很是羡慕宇文氏。

西魏时，陈霸先与王僧辩在建康奉萧方智为梁王、太宰。公元555年，王僧辩纳北齐扶植的萧渊明为帝。

陈霸先知道这件事后，觉得机会来了，就以谋逆的罪名将王僧辩抓住，并杀死了他，随后立萧方智为帝。陈霸先并不满足于现状，他积极地笼络朝臣，扩充自己的势力。但是北齐因为自己的计谋败露而极其怨恨陈霸先，王僧辩的家人也要为王僧辩报仇，内忧外患下，陈霸先有些顶不住了。但是梁朝的百姓却很支持陈霸先，最终陈霸先平定了内乱和外患。

陈霸先在完成平乱事宜后，就加紧了篡权的步伐。最终他威胁小皇帝放弃了皇位。公元557年，陈霸先登上了皇位，建国号为陈，南梁从此灭亡。

侯瑱与侯安都

　　陈朝建立后，王琳在郢州拥立萧庄为帝。陈武帝很生气，于是派兵攻打王琳。但是他派去的两个将领都战败了，之后不久，陈武帝去世了。

　　国不可一日无主，虽然陈武帝有儿子，但是他的儿子陈昌却在早年被掳到了西魏做人质。西魏灭亡后，陈昌也没有被释放。为了能够尽早稳定朝局，大臣们便要求章皇后能够立陈蒨为皇帝。章皇后迫于形势，只得将陈蒨召回，可陈蒨却不想做皇帝。大臣们开始积极地与章皇后商议对策，章皇后一直想要自己的儿子陈昌做皇帝，所以没有发表意见，但是大臣们却认为陈昌无法回来，只有陈蒨才能够做皇帝。在章皇后执意不肯的情况下，大家都没有办法，只得拿着剑威逼章皇后交出了玉玺。公元559年，陈蒨在众大臣的拥护下登上了帝位，他就是陈文帝。

　　陈文帝继位没多长时间，王琳就率大军进攻南陈。王琳在芜湖打败了吴明彻。王琳占领了芜湖后，直接向着建康逼近。

　　这时候侯瑱与侯安都临危受命，带着兵将前往迎敌。在江上，侯瑱利用西南风，成功地乘船绕到了敌军的身后，并且展开进攻。王琳则想利用火攻的方式来打败侯瑱，但是因为风向的关系，火苗反而刮向了王琳的船队。王琳弄巧成拙，被侯瑱用蒙着牛皮的小船打穿了他的战船。王琳见大势已去，就乘着小船逃走了。

就在侯安都与侯瑱打了胜仗后，北周却将陈昌放了回来。陈昌想要夺回自己的皇位，陈蒨也向侯安都说明了自己要退位的想法，结果侯安都指责了陈蒨的想法。之后，侯安都以迎接陈昌归陈为借口，将陈昌杀害了。

侯瑱与侯安都因为保护南陈居功至伟，所以陈文帝对他们进行了封赏。但是在南陈局势逐渐稳定之后，陈文帝就开始忌惮他们了。侯瑱很聪明，他猜出了陈文帝的想法，于是就表现出很害怕陈文帝的样子，因此保全了全家的性命。而侯安都则任意妄为，最终被陈文帝所杀。

陈朝灭亡

　　萧绎派王僧辩等平息"侯景之乱"后，陈霸先的势力开始崛起。没过多长时间，梁元帝被杀，陈霸先便与王僧辩联合，推举萧方智为梁王、太宰，然后又将王僧辩杀了，将萧方智立为皇帝，陈霸先控制着朝政。公元557年，陈霸先废黜萧方智，自己做了皇帝，建立了陈朝，陈霸先便成为了陈朝的开国皇帝。

　　但是陈朝的气数并不长，在第三代皇帝登基后不久，陈顼便篡位了，他就是陈宣帝。后来，陈宣帝为了巩固自己的势力，开始大规模地铲除异己。在陈宣帝死后，陈叔宝，也就是陈后主继位了。陈后主完全是一个昏君，他只知道享乐，根本不理政事，他任用的人也都是一些只会逢迎拍马的小人。陈后主还创作出很多的艳诗，可以说是荒唐到了极点。

　　当时的大臣傅绛（zǎi）极力劝谏陈后主，希望他能够重新开始处理朝政，并且减轻赋税，发展农业和经济，以提高国家的国力。但是这些话陈后主都没有听进去，反而对傅绛极其不满。最终，陈后主不想再听傅绛的劝谏，就将傅绛杀了。自此，便再也没有人敢上奏劝谏皇帝。

公元 550 年，高洋登基称帝，建立了北齐。公元 557 年，宇文觉建立了北周。北齐与北周频发战争，最终北周获得了胜利。

北周当时有个将领叫作杨坚，公元 581 年，他废北周静帝，自己登基称帝，建立隋朝，他就是隋文帝。隋文帝知道陈后主对待百姓相当苛刻，而且陈朝已经腐朽不堪，于是隋文帝就想要攻打陈朝。他出其不意地发兵陈朝，使得陈朝大乱，当隋朝的军队攻打到陈朝都城的城下时，陈后主才清醒过来，但是他的兵马无法与隋朝的兵马对抗，而且陈朝也没有能打仗的将领，于是陈后主被俘虏了，最终病死在洛阳。

陈朝是南朝的最后一个朝代，随着陈朝的灭亡，割据上百年的中原实现了大一统的格局。

隋唐兴衰

杨坚建立隋朝

隋文帝

公元 577 年，北周武帝灭了北齐，实现了北方的统一。第二年，周武帝就去世了，他的儿子宇文赟继位，史称北周宣帝。周宣帝继位后，隋国公杨坚作为皇后的父亲，被周宣帝提升为辅政大臣。

有一天，周宣帝对皇后说要杀了她的全家，并且利用这件事来试探杨坚，杨坚在见到周宣帝的时候，表现得很淡定，因此保全了性命。

公元 579 年，周宣帝传位给了周静帝。周宣帝自称为天元皇帝。公元 580 年，周宣帝得了重病，刘昉被召进宫中接受指令，但是刘昉没有听清周宣帝的话，他出宫之后，就找了杨坚商量辅政的事情。

杨坚认为这是他的一个机会，于是他就答应了刘昉的请求，并且在刘昉的帮助下，杨坚进入了宫中。但是与刘昉官职一样的辅政大臣颜之仪却不想帮助杨坚。不久，周宣帝就去世了，周宣帝死后，刘昉伪造文书，任命杨坚掌管兵权。杨坚在向颜之仪要兵符的时候，遭到了颜之仪的斥责，杨坚一气之下，就将他赶到偏远的地方当个小官。

后来杨坚广纳贤才，并且还派人去请李德林。李德林是当时的名士，很有才气，在得知杨坚要任用他的时候，他表示要尽心竭力地辅佐杨坚。李德林在见到杨坚之后，就建议杨坚使用计谋取得丞相之位。杨坚听从了李德林的话，当上了丞相。

后来杨坚为了巩固自己的地位，开始控制北周分封的诸王。杨坚在总揽大权之后，做了很多的好事，得到了百姓的支持。杨坚虽然想要篡位，但是却担心各方面的事情，最终他的妻子独孤氏的一席话将其说醒，杨坚便下定决心要夺得帝位。

后来，杨坚又歼灭了起兵谋反的各个势力，这使得杨坚名声大噪，被封为隋王。公元581年，杨坚逼迫周静帝禅位，周静帝不得已将皇位让了出来，杨坚称帝，建立隋朝，他就是隋文帝。

惧内的皇帝

隋文帝一统中原后，中原终于太平了。杨坚在政治上有着出色的表现，在生活上，却有一个"怕老婆"的名号。

杨坚没有登上皇位时，就已经是显赫的大官了，但是他却很清廉，在他称帝后，依然保持着节俭的习惯。他的穿着也很朴素，这使得百姓都很尊重他。

然而，隋文帝的皇后独孤氏做了皇后之后，就开始讲究起来，无论是吃的、穿的，还是用的，都是最好的。有一次，独孤皇后闲来无事想要建造一个避暑的宫殿，于是就找隋文帝，说出了她的想法。隋文帝知道这是独孤皇后心血来潮的主意，但是他怕独孤皇后闹，于是就答应修建宫殿。隋文帝将这件差事交给了杨素办理，杨素则命令宇文恺去找地方，最终，他们将建造宫殿的地点选在了一个依山傍水的地方，但是那里没有平地，于是杨素就命人将高山移成了平地，开始建造宫殿。建造宫殿用了很多的民工，这些民工遭到了严重虐待，最终死了很多人，杨素也只是草草地将这些人埋了。最终，在牺牲了众多的民工后，宫殿建成了。

　　杨坚听说因为建造宫殿死了上万人的事情后，很生气。这时独孤皇后坚持要杨坚陪她去新建的宫殿——仁寿宫，杨坚不得已只得去了。到了仁寿宫之后，杨坚看着富丽堂皇的宫殿，心里更不是滋味。

　　这时候杨素前来拜见，杨坚刚想发火，就被独孤皇后阻拦了，这使得杨坚十分生气，但是他却不想与皇后闹翻。杨坚是历史上少有的后宫只有一个皇后的皇帝。独孤皇后要求杨坚不得纳其他的妃嫔，而且还曾经将杨坚宠幸的一个女子直接杀了。

　　杨坚则一直秉持着不便与妇道人家争论的原则，所以就没有严惩过独孤皇后。杨坚在与独孤皇后的相处中，总是一味忍让，最终落下了一个"怕老婆"的名声。

开皇之治

隋文帝统一中原后，就开始出台一系列的政策来稳定局势，同时，恢复中原的经济和农业。隋文帝的一系列改革，使得隋朝的经济和生产力都得到了提升。突厥人也很敬畏隋文帝，称他为"圣人可汗"。

隋文帝结束了中原长期的分裂局面，但是长期的战争使得百姓的生活很困苦，很多人都没有地可以种。隋文帝了解到这一情况后，继续实行均田制。隋文帝依据高颎（jiǒng）的建议，进行户口调查，在了解到国家人口数量后，就按照一定的标准将土地分给各家各户，同时限制地主兼并土地，使得农民耕种的积极性逐渐提高，确保了隋朝的赋税收入。

隋朝都城在关中，这里本是非常富裕的地方，但是由于人口的增加，出现了粮食紧缺问题，隋文帝就命人开凿人工河运输粮食。同时他还建造了很多粮仓存储粮食并调节粮价，这些粮仓被人们称为"常平仓"。

常平仓设立的同时，隋文帝还设立了"义仓"。这些义仓在发生天灾的时候为百姓提供粮食，这一举措一直到唐代都在沿用。在解决了百姓的生活问题后，隋文帝就开始进行政治改革。他吸取了国家分裂割据的教训，借鉴其他时期的政治体制，将全国划分为州和县两级制，同时建立了三省六部制。

隋文帝在中央设立了三个省，分别为尚书省、内史省与门下省。尚书省下设六部，分管国家事务。隋文帝出台的这套三省六部制，有效地加强了中央集权。隋文帝还改革吏法，减轻了刑罚。

为了让官员都奉公守法，隋文帝还以身作则，提倡节俭。他惩治贪官一点儿都不手软，连秦王杨俊都被他惩办了。在隋文帝一系列的改革措施下，隋朝的经济繁荣，政治格局稳定，其对外的影响力也逐渐扩大，西域各国都不敢进犯。

赵绰秉公执法

隋朝历时较短，但是政治制度方面，不管内容还是形式，都有较为完整的体系。隋文帝十分重视法制，懂得利用法制来巩固统治。一次，隋文帝要对盗贼加重刑罚，赵绰听说了以后立刻觐见，劝他放弃加重刑罚的想法，只有量刑处置才有利于取信于民。隋文帝听了赵绰的话，认为十分有道理便欣然接受了他的建议，并且看他在执法方面十分讲求原则，就提拔他为大理少卿。

在刑部与赵绰共事的还有辛亶，这个人比较迷信，认为穿红色的裤子可以让自己官运亨通。隋文帝为人节俭，厌恶此类行为，便下令要处死辛亶，并由赵绰执行。赵绰却不肯接受这个命令，并在朝堂之上反对隋文帝，他认为辛亶不是死罪，不应该判为死刑。隋文帝十分生气，下令把赵绰一起处死。但是赵绰并没有因此而害怕，仍然坚持不应该处死辛亶。他还自己走下朝堂，做好了受刑的准备。隋文帝见他如此，也认为没有杀他的理由，于是让手下的人去询问赵绰是否对自己说的话感到后悔。

赵绰虽然已经触怒了隋文帝，但是他还是不改初衷，坚持认为应公正执法，就算丢了性命也在所不惜。隋文帝本来也舍不得杀死赵绰，现在气也消得差不多了，他见赵绰对于律法如此坚持，这对自己的统治十分有利，便叫人把他放了。

由于赵绰的表现，隋文帝知道了他的忠心，也就越来越信任他，经常和他一起讨论政事，并加以评论。

在朝廷的官员中有个叫来旷的，他想要登上较高的位置，于是就诬告赵绰，说他在办案时徇私舞弊，为了私利把犯了重罪的人给放走了。隋文帝十分欣赏赵绰的为人，鉴于他敢于顶撞自己而严格执法，便认为他不会是个徇私舞弊的人。为了查明真相，隋文帝派人进行了调查，最后弄清楚真相并非来旷说的那样，就将这个人交给了赵绰处理。赵绰并没有公报私仇，而是依据律法判了来旷流刑。

杨广谋权篡位

　　杨广是隋文帝的二儿子。隋文帝在位期间，他的大儿子杨勇被立为太子，杨广则为晋王。杨勇虽然为人很谦和，但是却有两个致命的缺点，那就是奢侈和喜好女色。隋文帝很讨厌奢侈，独孤皇后又讨厌感情不专的男子，杨勇很不幸，两点都沾上了。这使得隋文帝与独孤皇后逐渐对杨勇感到失望。

　　杨广一直都想取代杨勇坐上太子之位，于是他假装节俭和专一。在隋文帝与独孤皇后到他府中看他的时候，他就将所有的小妾都藏了起来，而且还要求宫女都穿上粗布衣服，自己也打扮得很朴素，只带着王妃萧氏来迎接隋文帝和独孤皇后，这使得两人对他十分满意。

　　一次，杨广到外面狩猎，可是天公不作美，下起了大雨。本来侍卫想要劝他穿上雨衣，但是杨广却愿意与众侍卫一同淋雨。这件事传到了隋文帝的耳中，使得隋文帝更加宠爱杨广。

　　杨广也很会孝敬独孤皇后，经常给她送礼物，萧氏也经常陪独孤皇后说话和吃饭。同时，杨广还积极地与大臣结交，这时候很多大臣都在隋文帝跟前说晋王的好话。杨广还笼络了杨素，并且陷害太子的心腹高颎，使得高颎受到隋文帝的猜忌。

　　杨广认为废太子的时机已经到了，于是诬陷太子精神失常。隋文帝相信了这件事情，就废了杨勇的太子之位，改立杨广为太子。公元602年，独孤皇后去世，杨广开始总揽朝政。公元604年，杨坚病倒了。这时候的杨广就开始谋划着如何继位，便给杨素写信商量此事。而杨素的回信居然被送到了杨坚那里，这时候杨坚才明白杨广居心不良，想要废了杨广的太子之位。但是杨广已经得到了消息，带人进入宫中，并控制了皇宫。后来杨坚被杀死了。杨广伪造诏书，将杨勇贬为庶人并赐死。最终杨广继承了皇位，杨广就是隋朝的第二个皇帝——隋炀帝。

杨玄感叛乱

隋炀帝继位后，开始大兴土木，而且将民间的女子抓到宫中，供他享乐，百姓的生活苦不堪言。当时在皇宫中有个叫李密的护卫，其精读《汉书》，学习勤奋。

杨素很欣赏李密，杨素的儿子杨玄感就积极地与李密交往。随后，李密与杨玄感交谈的时候，无意中透露了隋朝就要灭亡的预言。隋炀帝喜欢战争，想要通过战争来彰显隋朝的实力。公元 612 年，隋炀帝攻打高句丽，但是战败了。第二年，隋炀帝又攻打高句丽，并命令杨玄感准备粮草。杨玄感有着很大的野心，他一直想要谋权篡位，在隋炀帝再次攻打高句丽的时候，他觉得机会来了。于是杨玄感秘密地与李密见面，一起商讨反隋的事宜。

同年，杨玄感受命率军驻黎阳（今河南浚县东）监督粮运，并且征召附近的军队。当他们在黎阳时，李密就建议杨玄感攻打洛阳。杨玄感觉得攻打洛阳不错，洛阳富庶，而且洛阳陷落，也会引起隋朝贵族阶级的慌乱，于是他就带兵攻打洛阳。

杨玄感在洛阳打了大胜仗，在战斗中，杨玄感谎称自己被抓，以消除对方军队中士兵的警惕心，最后顺利地打下了洛阳。在这次战斗中，杨玄感的弟弟战死了。后来，隋炀帝听说杨玄感造反的事，就紧急回救。隋炀帝联系了来护儿，并命令屈突通与宇文述带领大军保卫洛阳，杨玄感知道自己腹背受敌后，就离开了洛阳，准备进攻长安。但是杨玄感却受到了阻拦，随后，他就开始撤退。

在其撤退的过程中，遇到了隋朝的大军，他屡战屡败，最终，杨玄感寡不敌众，绝望之余，让自己的弟弟将自己杀死了。

隋炀帝修大运河

隋文帝的次子杨广，是历史上有名的暴君。隋文帝严禁子女奢侈浪费，所以当他发现太子杨勇生活奢靡时，就教训他，希望他不要沉迷于奢靡的生活，这样是无法坐稳江山的。作为太子，更要注重节俭。

杨广在做晋王时，了解到父亲的想法，便表面装得节俭、朴素，以骗取隋文帝的青睐。最终他凭借自己的计谋获得了太子之位。当隋文帝发现杨广的真面目时，为时已晚，最终杨广夺得了帝位。

隋炀帝奢靡成性，继位后不久便准备就迁都洛阳。他在迁都过程中挖了数千里的长堑（壕沟），并把它当作屏障。他命人在洛阳修建都城，建造宫殿。建造宫殿所选用的都是一级的材料。隋炀帝还建造多所别馆，到各地搜集奇花异草，供自己赏玩。

为了方便自己到各地游玩，隋炀帝在为期间决定兴修大运河。于是他修建了一条从洛阳到江南的纽带，这条运河使得两地之间的交通便利了许多。此后，他又兴修多条运河，这些运河贯通南北，对我国的经济发展起到重要作用，也推动了各地之间的文化交流。隋炀帝在位期间虽然十分的残暴，百姓的生活十分困苦，但是他也做出了一定的贡献。大运河的修建，对于后世我国经济的发展产生了极大的影响，这在当时可以说是一项伟大的工程。

隋炀帝在位期间，多次出游。大运河更是为他的出行提供了方便，他还建造了大龙船，船上金碧辉煌。他每次出游都声势浩大，极为铺张浪费。

隋炀帝还修建了数千里的驰道并大肆地征召百姓修筑长城。隋炀帝即位的时候，正是隋朝不断发展前进之际，但是隋炀帝每年都会征役百万民工，为自己的奢靡生活出力，为此人民苦不堪言，最终迫使人们奋起反抗。隋炀帝的奢靡享乐，很快就把隋朝的江山葬送了，他自己也自食其果，最终在江都（今江苏扬州）被宇文化及等杀害。

隋炀帝之死

隋炀帝在位期间，由于施行高压政策，各个地方纷纷开始起义。隋炀帝面对这种局面也很焦急，随后他见天下大乱，便想要再次迁都。跟随隋炀帝出来的军队有几十万人，由于背井离乡，他们十分思念家乡，而且他们在知道隋炀帝不打算再回北方的时候，就开始偷偷地逃走。隋炀帝知道这件事后很生气，还杀了很多的人，但是逃跑的人依然很多。

这时，各个地方的将官也开始商议谋反的事情。他们觉得隋朝的江山已经保不住了，于是想将隋炀帝杀死，然后跟随宇文化及一起谋求生路。众将官商量好后，就开始各自准备。一天，司马德戡在军营中散播谣言，说隋炀帝要毒死众将官。这个消息使得众将官都非常恼火。后来隋炀帝的亲信裴虔通要求这些将官都聚在一起，然后赏了他们一些酒，说是隋炀帝犒赏的。这些将官看着这些酒都不敢喝。

随后，司马德戡带着一只狗进来了，并且让这只狗将酒喝了，而狗在喝完酒之后就死了，大家都相信隋炀帝要杀死他们，于是都很气愤，表示要杀了隋炀帝。这时候司马德戡开始劝这些将官与隋炀帝的亲信裴虔通等人联系，或许能够得到裴虔通的支持。其实，这场酒席不过是司马德戡与裴虔通设计的局，就是为了能够联合这些将官造反。

后来，这些将官都表示愿意造反，并且愿意杀了隋炀帝。随后这些将官就凑在一起，商讨出了一个杀死隋炀帝的计划。在实施这个计划的当天，司马德戡通知大家说裴虔通愿意做内应，要求大家在晚上的时候假装保卫皇宫，实则实施计划。

当天晚上，隋炀帝在床上睡觉，但是他总是感觉到心神不宁，后来突然听到行宫外面有喊杀声，于是他急忙起来询问裴虔通出了什么事，裴虔通骗隋炀帝说没事，只是失火了。隋炀帝信以为真，就继续睡觉了。后来，隋炀帝才知道这些人都造反了，最终隋炀帝被宇文化及等人用白绫勒死了。

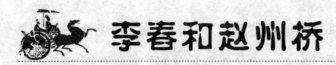 李春和赵州桥

赵州桥的设计者是李春。赵州桥历经千年，依然能够使用，不得不说古代人民的智慧是伟大的。

赵州桥亦称"安济桥"，是中国现存的著名古代大石拱桥。桥单孔，全长 64.40 米，桥面宽约 10 米，净跨径 37.20 米，拱圈矢高 7.23 米，弧形平缓，拱圈由 28 条并列的石券组成，上设四个小拱。

赵州（今河北赵县）有一条名叫洨河的河流，洨河的水流太过湍急，当地的船夫总会遇到翻船的情况，所以百姓很想有个桥，但是他们又不会建。李春在基本了解了当地的情况后，就亲自到洨河查看地形和水流情况，他根据地形和水流情况，选取了相应的石料场，并且设计出了桥的图形。这个桥采用的是一种拱形的结构，而且在拱洞的两端还设计了小拱洞，大家看到这样的设计图都很纳闷。李春就向大家解释，这样的桥不仅美观，而且能够起到泄洪的作用，最重要的是这样的桥使用寿命很长。

大家听了李春的解释后，都恍然大悟。百姓们都愿意加入到建桥的队伍中。李春就做这些人的总指挥，然后与他们一起工作，他们加

班加点地工作，百姓们为了能够有个稳固的桥，都干劲十足，最后，他们齐心协力将桥建好了。

在世界桥梁史上，赵州桥的设计与工艺之新为石拱桥的典范，其跨度之大即使在当时亦属创举。1953—1958年按最初桥样对赵州桥进行了修缮，目前，其为全国重点文物保护单位。

李密与瓦岗军

隋炀帝在位期间，肆意妄为、独断专行，不肯听从别人的劝告，对于谏言的人予以惩罚，使得臣民都不敢劝谏。不仅如此，隋炀帝为人残暴，剥削压榨百姓，最终迫使人民起义反抗。

隋炀帝第二次发动对高句丽的战争时，杨玄感被任命去督运粮草。杨素是杨玄感的父亲，也曾是隋炀帝的亲信，曾在夺取皇位的争斗中全力支持隋炀帝，但在夺位成功后遭到隋炀帝的猜忌，最终病死了。杨玄感因此对隋炀帝怀恨在心，想趁乱推翻隋炀帝的统治。

杨玄感想要煽动运送粮草的民工起义，还把李密请来给自己出谋划策。李密为他指出三条道路：上策，趁隋炀帝攻打高句丽，断其粮草，没有粮草军心一定混乱，而后长驱入蓟，直扼咽喉，使其退无归路，自然我们就赢了。中策，夺取长安，如果隋炀帝率军回来，我们可以凭借地形优势，坚守此地，并且可以把根据地建在关中。下策，攻打洛阳，使朝廷措手不及。

杨玄感听后，选择了最省事的第三条建议。随后立即出兵攻打洛阳，他们一路气势高涨，又不断地吸收新的起义军，队伍迅速扩大。

此时，隋炀帝收到加急文书，知晓此事后，立即派宇文述剿灭他们。由于杨玄感的这支队伍没有系统的军队化领导与指挥，很快就被消灭了，杨玄感也在战争中死了。

李密在战乱中逃走，但在搜捕中被抓获。在李密等人被押往行营的路上，李密等人给看押他们的士兵送了些财物，他们在士兵喝酒作乐时逃跑了。

后来李密参加了瓦岗军，他帮助翟（zhái）让联络其他起义军，说服他们听从翟让的指挥。这让翟让很高兴，翟让越来越依靠李密。李密用自己的才智，帮助瓦岗军大震声威，李密也在战争中提高了自己的威信。随后他又多次为翟让献计，并攻克兴洛仓（今河南巩义），开仓赈饥，百姓从四面八方赶来，这也使得瓦岗军的威名更盛。

在多次战役中，翟让深感自己不如李密，于是让出了首领的位子。后来李密称魏公。李密开始整顿内部，同时发布檄（xí）文，列举隋炀帝的罪行，煽动人民奋起反抗。为了确保自己地位牢固，他暗中设计害死了翟让，这使得瓦岗军开始内乱。此后，几经周折他又投降了唐朝，但是最终因反唐被杀。

唐朝初建立

唐高祖

李渊自称西凉李暠后裔，同时他还是隋朝的皇亲，他继承了世袭的爵位，被称作唐国公。公元 617 年，李渊在太原镇压农民起义。在战争中虽打了胜仗，但是当时的农民起义军已经越来越强大，眼看着隋王朝一天天地衰落，他也开始为自己考虑。

李渊有很多个儿子，二儿子李世民是最有才华的一个。在当时的社会，造反是所有罪恶之首，会带来灭顶之灾，即便是父子之间，也不敢轻易说破。但是随着形势的变化，李渊的处境变得十分不利，这时他的儿子李世民抓住时机，劝说父亲起兵反隋。

李渊听到李世民的话，十分害怕，责怪他为什么说出这样大逆不道的话，李世民却全不在意。李渊见他不以为然，十分无奈，嘱咐他以后不要再这样说了。可是后来，李世民又旧事重谈，劝说父亲起兵反隋，李渊明白局势如此，但还是犹豫着，下不了决心。李世民继续劝说父亲，终于说服了李渊。

李渊听从了李世民的建议，终于正式发兵。他封李建成和李世民分别为左右将军。

李渊最先攻打长安。他先是开仓放粮，救济贫苦百姓。同时不忘发檄文，声讨隋炀帝的罪行。李渊占领长安后，拥立杨侑为帝，得到了号令关中的权力。

这时，各地的起义军都在不断地发展壮大，各个战役都沉重地打击了隋军。隋炀帝不但没有危机意识，还继续过着奢侈享乐的生活。公元618年，李渊收到隋炀帝被宇文化及杀害的消息后，便迫使杨侑退位，遂称帝建立唐朝，李渊即唐高祖。

玄武门之变

公元 626 年，李世民在玄武门（长安太极宫的北面正门）设下埋伏，伏击李建成和李元吉。玄武门是进宫的必经之地，需要将兵器卸下，两人都手无寸铁。在进入玄武门后，两人均感到不对劲，李建成想要走，但是却被李世民拦住了，李世民一箭射中了李建成，李建成死后，李元吉也被尉迟恭杀死了。李渊本来是想要召见李建成和李元吉的，但是两人没有来，反而宫外很乱，于是他出门查看，李渊知道李建成和李元吉死后，非常伤心。但是迫于形势，他不得不封李世民为太子，最终自己做了太上皇，将皇位提前传给了李世民。

"玄武门之变"是唐朝历史上有名的事件之一，它的出现可以说是一种必然的结果。唐朝在李世民登基前实行的是嫡长子继承制，李世民虽然很有才华和能力，但是他是次子，依据祖制，除非李建成死了，李世民才能成为太子，不然皇位只能够是李建成的。当时的李世民因为战功赫赫，被封为秦王。李建成对李世民很忌惮，他一直想尽办法打压李世民，李渊也觉得李世民不容易控制，便刻意冷落他，李建成甚至想要除掉李世民。

李世民本身就觉得李渊对自己不公平，加上自己手下的怂恿，于是发动了"玄武门之变"。

李世民登基后，面临着极大的社会问题，在隋朝长期的压迫剥削下，人民的生活十分艰辛。李世民深深地了解百姓的力量，他很注重社会经济生产的恢复。

李世民懂得安抚人心，登基后，他追封了李建成、李元吉。

公元 630 年，李世民击败东突厥，平定吐谷浑、高昌，置安西都护府，底定唐代版图。他还兴修水利、开垦荒地，这都促进了社会经济的发展。他实行的措施十分有效，为唐代的繁荣打下了基础。

敢言的魏徵

在"玄武门之变"后，有人向唐太宗李世民告发魏徵，说他参加过起义军，还在太子手下做过事，也曾在杀害亲王的事上出过力。李世民听说后就叫人找来魏徵。面对李世民的质问，魏徵淡定自若，还说如果当初太子听从了自己的意见，那么一定不会有今天的杀身之祸。

李世民见魏徵说话坦率，很有胆识，觉得他是个人才，不但没有惩治他，反而提拔他做了詹事主簿。李世民即位后，提升他为谏议大夫。李世民还起用了一批原太子党的人，并任命他们做了重要的官职。李世民的拥护者对于他的这种行为很是困惑，他们认为这些人并不值得信任和重用。于是李世民就对拥护者解释说，国家现在需要人才，人才的选拔不可以以关系为标准。

公元 626 年，唐太宗李世民下令征集士兵。朝中有大臣提出不满十八岁但是身体强壮的人也可以参军，李世民对于这样的意见很赞同。可他要下诏的时候，却受到了魏徵的阻拦，李世民知道后十分不满，但是在听了魏徵的谏言后，就觉得魏徵做得对，于是他就下诏只征召十八岁以上的人当兵。

此后，唐太宗鼓励大臣说出自己的意见。他的做法，让大臣们敢于直谏。魏徵对于朝政大事想得周到，有意见也往往敢说出来，因此唐太宗对他很信任，凡事都会听听他的建议。在大臣们的直谏下，国家发展稳定，唐太宗十分高兴，更加鼓励臣子们谏言。

后来，魏徵看到唐太宗有做得不对的地方就当面指出。有时候，魏徵不顾唐太宗的脸色，直言不讳，让唐太宗很恼火。在一次争辩过后，唐太宗想要杀死魏徵，被长孙皇后劝阻。唐太宗怒火平息后，还夸奖魏徵敢于直谏。

公元 643 年，魏徵病逝。唐太宗对此十分伤心，因为在他看来魏徵一死，他就少了一面"可以明得失"的镜子。

由于唐太宗善于用人，能够悉心采纳直谏，在政治上十分开明，对百姓也十分关怀，整个唐朝的初期，出现了经济繁荣的景象，社会秩序十分安定，在历史上这一时期被称为"贞观之治"。

李靖收服东突厥

李靖

唐朝初建时，东突厥屡屡进犯唐朝边境，对边境百姓的生活造成了极大影响。唐高祖期间，唐朝就曾经派兵攻打过东突厥，而且也取得了胜利。

公元620年（唐高祖武德三年），颉（xié）利可汗即位。他即位后，为了扩展领土，便开始侵犯唐朝。当时唐太宗李世民即位还没有多久，颉利可汗的军队直接来到了长安城下，而长安周边的援军还没有赶到，长安城中可以作战的人只有区区几万。在这样紧急的情况下，唐太宗斥责颉利可汗背信弃义。颉利可汗自知理亏，又因为侧翼遭袭，大将被扣，他便与唐太宗在渭水便桥上斩白马为盟，之后退兵。

唐太宗对于这件事耿耿于怀，于是他加紧训练军队，并且任命李靖为兵部尚书，整顿军纪。后来，东突厥发生内乱，加上天灾，使得东突厥境内出现了严重的饥荒，东突厥人纷纷逃离家园。公元629

年，唐太宗认为机会来了，就任命李靖为代州道行军总管，攻打东突厥。公元630年，李靖率部直接攻打到颉利可汗所在的定襄城，颉利可汗战败逃走。自李靖攻破定襄后，颉利可汗十分恐惧，退驻铁山，以保根本。最后颉利可汗只能够带着残兵败将向唐朝求和。但是颉利可汗仍然贼心不死，想要在休养生息后，再进攻唐朝。

李靖知道颉利可汗要求和后，觉得不妥，于是就想要在大唐使臣见颉利可汗的时候，去袭击颉利可汗的残余部队。颉利可汗知道这件事后就逃走了，但是最终还是被李道宗所抓。

薛仁贵三箭定天山

贞观年间，唐太宗发兵攻打辽东。在两军对战的过程中，唐军碰到了一名勇猛的辽将，唐太宗的多个将领都不是其对手，一个个败下阵来。

第二天，到了再次对战的时候，唐太宗的手下已经无人能迎战，这时从队伍中走出一个年轻士兵，请求去应战，这个人就是薛仁贵。薛仁贵出生于一个农民家庭，他自小生活就十分困苦，但这样的家庭并没有影响他学习本领。唐太宗由于无人可用，只好派薛仁贵去应战。

面对敌军中战无不胜的将领，薛仁贵并没有紧张，他反而很冷静，这让唐太宗很欣赏。

薛仁贵手持方天画戟，腰间佩带弓箭，迅速地策马杀去。在辽将还没作出反应的时候，薛仁贵就已经刺破了他的咽喉。薛仁贵乘胜追击，冲入敌军，唐太宗见状也及时发动进攻，最终取得了胜利。

战争胜利后，唐太宗记了薛仁贵大功，提拔他做右领军中郎将。

在唐太宗死后，九姓突厥又来边境骚扰，唐高宗便派薛仁贵出兵平定战事。薛仁贵当即率领部队远赴天山，扎下营盘后，准备第二天与九姓突厥交战。九姓突厥共十余万人，前来迎战。薛仁贵并不慌张，沉着应对。九姓突厥打头阵的三名猛将，各个凶狠异常，他们把薛仁贵骂得一文不值，十分狂傲。薛仁贵并不应答，一连射出三箭，三个将领应弦落马。将领死了，十万大军顿时混乱不堪，连连溃败。薛仁贵早在敌军必经的山谷，设下埋伏，在山路两边设有弓箭手，大败敌军。薛仁贵凯旋时，军中传出了"将军三箭定天山，战士长歌入汉关"的歌声。

最终，薛仁贵用自己的智慧和勇猛，赢得了周边少数民族的尊重，使得他们归顺唐朝，唐朝在各地设都护府。无论是唐太宗还是武则天，他们执政期间都十分注重与周边国家的联合，坚决打击侵略，维护和平。为了达到这个目的，最主要的措施，就是设立都护府，而都护府的主要职能是管理边防、行政等事务，这一举措有效地维护了唐朝周边的安宁。

玄奘西天取经

佛教创立于古印度，西汉末年传入我国。在对佛学真谛的探究过程中，唐朝很多著名的僧人都付出了非常艰辛的努力，其中极具代表性的就是玄奘。

玄奘（zàng），通称三藏法师，俗称唐僧。他的祖辈曾做过官，但是在玄奘小的时候，家道中落，生活十分贫寒。隋朝末年，社会动荡不安，于是在玄奘十三岁时，他就跟二哥到洛阳净土寺入住，开始步入探究佛法的道路。由于他对佛学的研究很深刻，后被破格选为沙弥（初出家的年轻和尚）。武德五年（公元 622 年），他在成都受具足戒（别称"大戒"。佛教僧尼所受的戒律）。他云游四方，四处求学，遍访名师，因感国内佛法众说纷纭，难得定论，所以他决心去天竺求法，想要求得佛法的真谛。

玄奘在西行的途中遇到了很多困难，但是他的精神感动了很多人，他也因此得到了很多帮助。在长途跋涉后，他走出了玉门关。

玄奘一路上爬过雪山、穿越冰河，在历经千辛万苦后，于贞观十年到达佛教圣地天竺。在当地，他用了数年的时间研究佛经，让自己的佛学水平上到了一个新的台阶。

印度的戒日王在听说玄奘的故事后，决定开一个无遮大会，请来了很多国家的国王和高僧。在这次大会中，玄奘被推选为论主。

玄奘

贞观十九年（公元645年）玄奘回到长安后，被唐太宗召见。唐太宗十分赞赏他百折不挠的精神，想要他还俗在政事上帮助自己。但是玄奘拒绝还俗，他想要继续对佛学进行探究，并想把从天竺带回的佛经进行传播。唐太宗对于这样的想法非常支持，还为他提供了相应的翻译佛经的条件。

玄奘不仅翻译外来佛经，他还根据自己的经历和研究成果写了《大唐西域记》，记录他西行途中路过的一百多个国家，和在路上听说过的风俗习惯、历史记录等。这部著作，也可以看作是一部古代地理记录的著作。随着玄奘事迹的流传，在民间也传出了很多有关唐僧取经的神话故事，明代的小说家吴承恩还写出了《西游记》这一名著。

文成公主出嫁

　　唐朝贞观年间，社会经济文化繁荣，周边的少数民族看到唐朝的发展，纷纷想要与之交好。很多少数民族更是想要通过和亲，与唐朝建立友好关系。唐太宗为使国家太平，也支持和亲政策。例如，东突厥处罗可汗的儿子阿史那社尔与衡阳公主的婚姻，就是唐太宗促成的。

　　当时吐蕃（bō）首领松赞干布就曾派使者到唐朝交流，既想向唐朝学习先进的文化，又想向唐皇室请求和亲。但唐太宗没有立即答应，唐太宗怕松赞干布的使臣误会，就编了一个谎言，但是这个谎言却使得两国的关系出现了裂痕。

　　公元 640 年，松赞干布又一次派出队伍求亲。禄东赞代表松赞干布向唐太宗转达了想和亲的愿望，并表明了想要和亲的迫切心情。

　　唐太宗通过禄东赞对松赞干布进行了了解，他认为松赞干布值得深交，于是唐太宗就在宗室之女中挑选出了一个年轻温和的女子，将其封为"文成公主"，嫁给了松赞干布。

　　公元 641 年，唐太宗派人护送文成公主入吐蕃。文成公主带了很多嫁妆，还带了很多天文、地理、农业的图书。在文成公主入吐蕃的这一天，吐蕃好像过节一样，百姓们都出来迎接，并且载歌载舞，文成公主的到来受到了热烈的欢迎。

松赞干布对文成公主十分宠爱，甚至按照唐朝建筑的样式为她修建宫殿。

公元650年，松赞干布去世，文成公主继续进行着唐朝与吐蕃之间文化交流的工作。一些唐朝僧人去印度学佛，经过吐蕃时，还受到了文成公主的热情接待。文成公主为吐蕃的发展做出了不可磨灭的贡献，她的事迹成为汉藏情谊的象征，她也因此深受当地人民的爱戴。

在松赞干布之后继位的赞普，也极力保持着与唐朝的友好关系。公元710年，唐中宗把金城公主嫁给了吐蕃的赞普。

唐太宗传授治国经验

　　唐太宗与刚当上太子的李治聊天，唐太宗向李治传授了他多年的治国经验。在唐太宗看来，君主就像是船，百姓就像是水，水既可以承载船航行，也可以把船淹没。正因为如此，君王就要认识到百姓的力量是不容忽视的。

　　这是李世民在位多年的治国经验，也是李世民一直贯彻实施的治国思想。但是晚年的唐太宗，尤其是在魏徵等人去世后，也变得专断起来，不再耐心考虑大臣们的谏言。例如，高句丽战争的发动。

　　公元 642 年，与唐修好的高句丽荣留王高建武被杀害，唐太宗想以此为名出兵攻打高句丽。大臣们再三劝阻，述说此次战役的弊端，但唐太宗都不理会，反而想要御驾亲征。尉迟恭已经不理朝政多年，听说后也来劝唐太宗。可唐太宗不以为然，还劝说尉迟恭和自己一同前去作战，结果他不但没能阻止唐太宗，反而自己也被迫上了战场。

　　公元 645 年初，战争开始，在最初的战争中，唐军占优势，但是随着高句丽军的抵抗越来越激烈，唐军渐渐失去优势，损失惨重，这场战役让唐军吃尽了苦头。

另外，李世民对儿子们的明争暗斗也非常苦恼，长子李承乾，好吃懒做，奸诈狡猾，给他安排的老师不是被他气死，就是气跑了。

四儿子李泰身材魁梧，聪明能干，很像年轻时的唐太宗。公元643年，魏徵逝世，李承乾没有了支持，感到十分害怕，为了太子之位，他想要仿效唐太宗，发动宫变，但是他的阴谋没有得逞，最终李承乾被废为庶人，幽于右领军府。李泰看到太子被幽禁，以为自己可以当太子了，但是由于他骄横，朝中没有支持他的人。

唐太宗不愿看到儿子们厮杀的场面，最终李治因为为人忠厚善良，在长孙无忌等人的支持下成为太子。为了培养李治做一个好皇帝，唐太宗为他请名师，自己也经常亲自教育李治。另外，他还编写了《帝范》十二篇，让李治更加系统地了解自己多年的治国经验。

公元649年，唐太宗驾崩，太子李治继位。在即位后，这个皇帝做出了一个重大决定——停止攻打高句丽，从而终止了百姓的灾难。

唐高宗李治书法行书《李勣碑》

"药王" 孙思邈

公元 652 年，我国出现了一部医学巨著——《千金要方》。这是一部内容极为丰富的医书，可以说是我国最早的医学百科全书，极大地推动了我国医学的发展，而这部书的作者就是唐代著名的医学家孙思邈。

孙思邈从小多病，为了给他治病，家里能卖的东西都被卖了，可谓家徒四壁，这使得孙思邈从小立志学医。他研究医书，并且大量总结医学理论，不断地在临床实践中获得经验。他在学医有成后，就入了宫，并且为唐太宗治好了心口痛的毛病。唐太宗十分高兴，就给了孙思邈"药王"的称号。

一次，孙思邈在路上遇到一行人，他们抬着一口棺材，还有一位年轻人和一对老夫妇跟在后面，他便上前询问。老夫妇十分伤心，年轻人难过地说出了事情的经过。原来是家里的产妇生孩子，折腾了两天还是没生出来，今早产妇便去世了。

孙思邈了解了事情的经过后，他看到有血从棺材缝里不停地往下滴，他急忙仔细观察，发现滴下来的血是鲜红的。他认为里面的人还有救，赶忙叫人打开棺材。孙思邈在众人疑惑的目光中打开棺盖，仔细地把了把脉，在捕捉到一丝跳动后，他就取出银针，开始施针。经过漫长的等待，产妇胸口竟然开始浮动起来，就连隆起的腹部也在动。后来人们就听到了婴儿的啼哭声。这一幕使得众人都惊呆了，在缓过神儿后，这家人连声感谢孙思邈救了母子的性命。

公元 682 年，这时的孙思邈年事已高，但他依旧坚持编撰医书，写了《千金翼方》，这部书是对《千金要方》的续编。人们因为尊敬孙思邈，所以就将他晚年居住的北五台叫作药王山，还建造了药王庙。

在唐朝经济发展的影响下，药物资源也逐渐丰富，这为用药提供了便利。唐朝还设立了太医署，专门进行外科研究。太医署还设置有按摩科，可治疗跌打损伤等外伤，其成就不容小觑。

孙思邈

《滕王阁序》

公元 675 年，九月初九，洪州（今江西省南昌市）都督阎伯屿要在其新修的滕王阁中宴请众人，并且他的女婿已经做好了一篇文章，他宴请众人也是为了凸显自己女婿的文采。参加宴会的客人们都看出了阎伯屿的意图，于是都没有接过其让人递过来的笔墨。但是有个年轻人却接过笔墨，想要做一篇文章，这使得阎伯屿很是不满。

阎伯屿没有留在大厅，而是找借口到外面去了，因为他不想看这个年轻人做文章，但是他又忍不住好奇，所以就让人不时地将这个年轻人做的句子念给他听。他听到第一句、第二句的时候，觉得这个年轻人一般般，用的句子也是老生常谈。但当听到第三句、第四句的时候，他就开始不语了。当听到"落霞与孤鹜齐飞，秋水共长天一色"时，他拍案叫绝，认为这个年轻人简直是奇才。随后，阎伯屿热情地招待了这个年轻人。这个年轻人写的这篇文章就是《滕王阁序》，而写这篇文章的年轻人就是王勃。

王勃，唐朝时期著名的诗人。他与杨炯、卢照邻、骆宾王都是初唐文坛上享有盛名的文学家，号称"初唐四杰"。他们以自己的创作为唐诗的发展做出了贡献。他们打破六朝以来的浮艳诗风，用诗反映社会现实，描画边塞江山，开拓了诗歌创作的新题材，丰富了诗歌创作的内容，他们的创作得到了大诗人杜甫很高的评价。

唐高宗废后

唐太宗李世民去世后，李治继位，他就是唐高宗。李治继位后，最信任的人就是长孙无忌和褚遂良等人。这些人帮助李治一起治理国家，国家很稳定，但是他还是很惦记唐太宗的才人武则天。

武则天的父亲本是唐朝的一个官员，但是在武则天小的时候就去世了。武则天在 14 岁的时候被选入宫中。因为武则天长得很娇媚，唐太宗就赐给她一个名号——武媚，同时封她为才人（一种妃嫔的称号）。唐太宗很宠武则天，但是好景不长，唐太宗驾崩后，武则天就被送到了感业寺出家做了尼姑。

唐高宗很喜欢武则天，但是由于得不到她，就将感情转移到了萧淑妃的身上。王皇后唯恐萧淑妃威胁到自己，很是担心。一次，唐高宗到感业寺上香，恰好遇到了武则天，两人默默相望，都很伤心。

王皇后知道这件事后，就劝唐高宗将武则天接到宫中来。得到了皇后的支持，唐高宗就顺利地将武则天接到了宫中。自此唐高宗逐渐远离了萧淑妃。武则天对王皇后很是尊重，在她面前也表现得低声下气，这使得王皇后很高兴。王皇后不断地在唐高宗面前称赞武则天，于是唐高宗就册封武则天为昭仪。

唐高宗与武则天朝夕相处，两人的关系愈加紧密。这时候王皇后又开始担心起来，她开始在唐高宗面前说武则天的坏话。唐高宗认为王皇后嫉妒成性，开始逐渐地远离她。这使得武则天很高兴，原来武则天一直都很有野心，她想要获得更大的权力。

公元652年，武则天生下了一个男孩，名字叫作李弘。皇帝很喜欢这个孩子，武则天的地位愈加稳固了。后来武则天又为唐高宗生了一个女儿，唐高宗十分开心。一次，王皇后路过武则天的房间，看到了小公主，但是很快她就离开了。武则天看到王皇后离开了，就将自己的女儿掐死了，以陷害王皇后。武则天在唐高宗面前表现得十分伤心，一直要求唐高宗为她做主，唐高宗听说是王皇后杀了小公主后，很是生气，就要废后。公元655年，唐高宗终于废黜王皇后，武则天如愿登上了皇后的宝座。

第一位女皇帝

武则天

唐高宗李治在继承皇位后，执意废黜了皇后，立他最爱的武昭仪为皇后。这位武皇后后来成了中国历史上第一位，也是唯一一位女皇帝。

在后宫的竞争中，皇后王氏不肯奉承皇帝，性情孤高，没有子嗣，在宫中被冷落多年，而淑妃萧氏的子嗣却深受皇帝喜爱。王皇后感受到了萧淑妃的威胁，她想利用皇帝喜欢的武则天来对抗萧淑妃。于是，她想尽办法使武则天进入皇宫。唐高宗见后十分高兴，后来，又封武则天为昭仪，对她宠爱有加。

武则天天资聪慧，喜好文学、书法，才华出众，这使得她和只知争宠的王皇后和萧淑妃相比，高下立见。这些都让唐高宗废黜皇后的想法更加坚定了，一心想要立武则天为皇后。

唐高宗清楚，废黜皇后是件大事，他想听听老臣们的意见，为此他还亲自去找长孙无忌，但却遭到强烈反对。

当时的唐高宗，一心想要摆脱顾命大臣们对他的掌控。在元老派李勣的支持下，他坚定了自己的想法。公元655年，唐高宗李治终于把武则天立为皇后，还借机铲除了一批顾命大臣。

公元660年后，唐高宗头病加重，无法主持朝政，武则天常常代批百官的奏章。由此她开始参与朝政，不断地树立自己在朝堂上的威信，很快她在朝中的威信就位于唐高宗之上了。这让唐高宗很不高兴，这时唐高宗手下的官员，开始劝说高宗废后。

武则天很快就知道了这件事，她与唐高宗对质，唐高宗把责任都推给了手下。于是，武则天就借此事杀掉那些想要废掉自己的官员。自此以后，武则天开始在朝堂之上听政。政事主要都由武则天决定，百官也称唐高宗和武则天为"二圣"。

公元683年，唐高宗驾崩。武则天先后立李显和李旦为皇帝，但是很快都被她废黜，最终她亲自主持朝政。武则天的行为是对传统的男尊女卑思想的挑战，是当时社会无法容忍的，因此很多人开始公开地反对她。武则天先后多次平定这些叛军。公元690年，武则天登基称帝，把国号改为周，自封尊号"圣神皇帝"。

狄仁傑桃李满天下

武则天在唐太宗身边侍奉多年，"贞观之治"对她产生了极大影响，她又对历代的兴亡也感兴趣，喜欢研究政治的得失。因此，在她执政期间，唐朝依旧保持着鼎盛时期的繁荣昌盛。

武则天十分重视农业方面的发展，推行了很多与民休息的政策。她借鉴太宗的经验，广开言路，虚心求教，对于一些过分的言论也能容忍，不会降罪。她还注重人才的选拔，推动了科举制度的发展，通过这样的方式，她得到了一批如狄仁傑、姚崇等对唐朝发展做出了极大贡献的人。在这批人中，最著名的要数狄仁傑。

狄仁傑

任命狄仁傑为宰相，是娄师德向武则天推荐的。但狄仁傑并不知晓，他认为娄师德不过一介武将，看不起娄师德。武则天得知后，故意与狄仁傑谈起娄师德，狄仁傑认为，娄师德能够守卫边疆就好了，至于他还有什么其他才能，自己并不知晓。

武则天却告诉狄仁杰，娄师德是一个善于发现人才的人，就是他举荐你做宰相的。狄仁杰知道此事后，十分惭愧。自此之后，狄仁杰开始积极地向武则天举荐人才。武则天在选拔人才时，也十分重视狄仁杰的意见。狄仁杰前前后后推荐了很多人，其中很多人后来都成了唐朝的名臣。

有人认为，在朝中担任要职的人都是狄仁杰门下的，但是他却认为推荐人才是为了国家发展，别无其他。武则天一直非常信任狄仁杰，不但尊称他为"国老"，还阻止他朝自己跪拜。狄仁杰经常当面向武则天提出自己的建议，武则天即使不赞同，也会慎重考虑他的意见。

狄仁杰在年迈时，多次向武则天提出告老还乡的请求，但都被武则天拒绝了。狄仁杰大半生都在为国家效力，直到他七十一岁去世。他逝世后，武则天十分悲伤，因为再也见不到狄公了，她不仅失掉了一个朝堂上的好帮手，也失去了人生中敬重的老师。

武周政权兴衰

    武则天成为一代女皇，在男尊女卑的社会，开了女人称帝的先河。在当时的社会，她所面对的是源源不断的政治压力、是皇室宗族的起兵反抗。为了确保自己的地位不受动摇，她实行严酷的刑罚，鼓励告密、检举。凡是告密者都会得到优厚的回报。这个方法有效地揭发了一些意图起兵的谋反行为。

    这也让很多人依靠告密起家，他们捏造事实，骗取武则天的信任。这些人中有个叫周兴的，他的手段极其残忍，面对不肯认罪的犯人，竟然想出把囚犯装进大瓮用炭火烤，这样残忍的方法。

    在武则天掌权的时候，有一个叫来俊臣的人，他也是靠告密起家的，随着权力的增加，他的野心也越来越大。竟然几次想要陷害武氏诸王和太平公主，他的行为越来越猖狂，最后被人揭发，武则天得知后，就把他处死了。得知他被判了死刑，人们都开心地奔走相告，因为终于不用再担心受到小人的诬陷了。

    皇权逐步稳固后，武则天开始接受大臣们的建议，给被诬陷的人平反，也对诬陷他人者实施惩罚，渐渐地制狱被废除了，也不再实行告密制度了，整个社会的生活逐步进入安定阶段。

公元 705 年，武则天病倒了，她的宠臣张易之、张昌宗两兄弟，开始败坏朝纲。这时张柬之联合右羽林将军桓彦范、左羽林将军敬晖等人杀入宫中，除掉了二张，逼迫武则天传位于中宗。中宗即位后，武则天被尊为"则天大圣皇帝"，并立即恢复国号唐。武周政权彻底结束。

同年十一月，武则天逝世，享年八十二岁。后人把她与高宗合葬，武则天为自己立了一座无字的墓碑。作为中国历史上前无古人后无来者的女皇，在她掌权的五十年间，政绩好坏参半，多年来人们众说纷纭，没有统一的答案。而这个无字墓碑，也向我们展示了这位女皇与众不同的智慧。

骆宾王《咏鹅》

唐朝初期，有四个著名的大文学家，他们就是王勃、杨炯、卢照邻和骆宾王，他们被誉为"初唐四杰"。其中，骆宾王留下的诗作最多。

骆宾王自小就很聪明，而且很爱学习，特别喜欢文学。他在六岁的时候就已经读了很多的诗歌著作，并从小就开始作诗。他当时写的诗都很天真而且富有灵性，人人都会背。在他七岁的时候，他创作的《咏鹅》成了他的代表作。在骆宾王七岁的时候，一天家里来了一位客人，这位客人受到了他父母的热情接待。骆宾王觉得无聊，就到院子后面的池塘玩耍。这个池塘的边上，长了很多花草，把池塘装点得很漂亮。池塘边的柳枝都垂到了池塘的水中，很多小虫子在草丛中飞舞，微风吹过，水波荡漾。他家里养的大白鹅都在池塘中嬉戏，这些大白鹅在水中就好像白絮漂在水上一样，十分好看。这些大白鹅中，有的还表现得很绅士，抬着脖子，划着红红的脚掌，轻轻地在水中游荡。

突然其中的一只大白鹅伸长了脖子，清脆地叫了一声，其他的大白鹅听到这只鹅叫，也跟着叫了起来，它们的叫声就好像歌声一样。七岁的骆宾王看到这样的场景，内心澎湃，他觉得这样的场景很有趣，于是就细细地观察这些大白鹅。

到了吃饭的时间，家里人见骆宾王还没有回来，就到池塘边去找他，客人也一起来了。他们看到骆宾王在池塘边的地上画画，客人觉得骆宾王十分聪明伶俐，就想考考骆宾王。于是他就要求骆宾王以池塘中的大白鹅为题来作一首诗。骆宾王想了想就吟诵了一首咏鹅的诗。客人听了他的诗作，很是满意，对骆宾王也心生佩服。

骆宾王的诗句，惟妙惟肖地刻画出了鹅的形态，而且还生动地描绘出了大白鹅戏水的场景。人们读过这首诗，都能够立刻想象出一幅大白鹅戏水的立体画面，好像还能够听到鹅的叫声似的。这首《咏鹅》后来被广为传诵，骆宾王也因此名声大噪。

贤臣辅政

唐中宗虽然复位，但实际在朝中掌权的是他的妻子韦后。在混乱不堪的权力争斗中，中宗被杀害。这时李隆基起兵，他要推翻韦后一党，推举他的父亲李旦做皇帝。公元712年，唐睿宗李旦禅位，李隆基继位，他改年号为开元，他就是历史上的唐玄宗。

唐玄宗继位后，任用姚崇、宋璟为相，在政治上出现了和谐安定的局面。他还兴修水利，推动生产发展，到了开元末年，无论是官府仓储还是私家仓储都日渐丰盈。同时，大唐也开始航海交流，当时的大唐成了亚洲经济文化交流的中心。这就是历史上的"开元盛世"。

公元715年，大唐开始进入兴盛的时期，就在此时，山东发生了蝗灾。农民们把这当成天灾，不敢消灭蝗虫，只能拜天地祈求怜悯。这时姚崇奏请唐玄宗派御史捕捉蝗虫，最终唐玄宗同意了姚崇的建议。

到了第二年，山东又发生了蝗灾，姚崇还是下令捕杀。对此有人认为，这是天灾，不是靠人力就能够消灭的，要积德祈福，不然蝗灾只会越来越严重。对此，姚崇奏请朝廷派使者监察各州县的捕杀情况。由于有这样的措施，开元年间虽蝗灾泛滥，却没有造成饥荒。

宋璟在任宰相时，十分重视人才，敢于直谏，即使所提的意见触怒皇帝也不退缩。正因如此，他得到了唐玄宗的敬重。在贞观年间，无论是宰相还是三品官，只要向皇帝奏事，就会有史官跟随，无论什么事都会被记录下来。所以那时没有进谗作恶的人。但是唐太宗去世后，这个制度就被废除，甚至一段时间诬告成风。宋璟在当了宰相后，立即恢复了这个制度，杜绝了进谗。

据史书记载，姚崇、宋璟两位宰相，姚崇善于灵活地完成任务，而宋璟则严格按规矩办事。两人虽然做事的方式不同，但都有一颗忠心，共同辅佐皇帝，使得社会安定，百姓生活富裕。

一行编订《大衍历》

在我国古代，唐代是一个文化高度繁荣的朝代。这种繁荣不仅体现在社会科学的发展上，还体现在自然科学的研究上。唐代的医学、数学、天文学都有很好的发展，特别是天文学，这一时期是我国古代天文历法的成熟时期。在唐代的天文学家中，一行是其中成就较高的一位。

一行，俗家姓名是张遂，他出生在富裕人家，从小就很好学，十分喜欢看书，家中藏书也很丰富。同时，他还喜欢对书中的内容进行实践，尤其是天文方面，有时一研究就是一个晚上。这样日积月累，使得他在天文学方面有了很深的造诣。

在武则天执政时期，梁王武三思听说了张遂的事迹，就派人找到他，表示想要和他交朋友。但张遂十分厌恶武三思的为人，可又怕惹祸上身，为了躲避他，张遂便逃走藏匿起来。在 21 岁时，他从荆州景禅师出家，法名一行。在嵩山他偶遇高僧普寂，两人十分投缘，便从普寂学禅。从此他开始了潜心研究学问的生活，渐渐地声名远播。

公元 717 年，唐玄宗召一行觐见，并命令他参与制定新的历法。

一行对待工作一向严谨，为了使历法能够更加符合实际情况，他便与梁令瓒合作，创造出了黄道游仪、水运浑天仪等仪器。

为了保证新历法的准确性，他重新测定了一百五十多颗恒星的位置，大大地提高了记载的精度。为了使新编历法能够有更大的适用范围，一行还开展了实地测量。

终于，在近十年的努力后，于公元727年，一行成功地编撰了新历法《大衍历》，这部著作不仅对我国的天文学研究进行了全面的总结，还推动了天文学的发展。它的出现，代表了我国古代在天文历法体系的成熟。

除此之外，一行还编写了很多相关书籍，为了纪念他为天文学研究做出的贡献，人们把小行星1972以一行的名字来命名，以此表达对他的尊敬和怀念。

"诗仙"李白

唐代是我国诗歌创作的鼎盛时期。在这个时期，我国出现了历史上著名的浪漫主义诗人——李白，还出现了著名的现实主义诗人——杜甫，他们都可以说是诗坛上的巨星。

李白在少年时期就显露出很高的才华。在李白二十五岁时，他离开四川，沿着长江东下，拜访司马承祯。司马承祯因为受到过武则天、睿宗及唐玄宗的召见，在当时很有名气。司马承祯对李白十分欣赏。李白也很兴奋，后来还写了《大鹏赋》来表达自己的气概和抱负。《大鹏赋》流传开来后，李白的名气不断提升。

公元734年，李白拜见了韩朝宗，韩朝宗对李白也十分欣赏，而李白的自荐信《与韩荆州书》也成为流传一时的佳作。

在李白声名远播以后，终于在公元742年得以奉诏入宫，唐玄宗见到李白后很高兴，封他做了翰林供奉。

唐玄宗希望李白成为宫廷诗人，但是李白无法抑制心中的远大抱负，渐渐地在思想上发生了变化。

李白是一位十分有个性的诗人，十分喜欢饮酒。他的狂放不羁，让他在朝中无法立足，得罪了朝中的权贵。唐玄宗听信了挑拨之言，开始疏远他。

公元755年，安史之乱爆发。那时的李白在庐山避难。永王得知李白在此，就请他成为自己的幕僚。李白出于爱国情怀答应了他的请求，并写了多首《永王东巡歌》，以此称赞永王。

但是唐肃宗认为，永王并不可信，甚至派兵消灭永王。永王非常生气，也发兵对抗。于是永王便成为叛逆，李白也因此被判死刑。但是由于郭子仪等人出手相救，李白被流放夜郎。随后又赶上朝廷大赦，李白终于获得了自由。

李白的晚年是在安徽度过的。李白离开人世的时候已经六十二岁了。李白创作的古诗现存一千多首，其中既有对祖国河山的赞美，也有反映人民生活的写实诗歌。因为他的作品具有独特的风格，他也被赞誉为屈原以后最伟大的浪漫主义诗人，他的很多作品也成为千古佳作。

"诗圣"杜甫

要说我国著名的现实主义诗人，那就不得不提唐朝的杜甫了。杜甫出生在河南巩县，杜审言是他的祖父，曾在朝堂为官，而他的父亲也曾在兖州做过司马，母亲早逝。

杜甫从小就饱读诗书，也正因为如此，他拥有渊博的学识和远大的政治抱负。天宝初年，杜甫参加进士考试，但却落榜了。

公元746年，杜甫来到长安。到了第二年，唐玄宗下令，只要是精通一门学术的人就可以到京师应试。但是当时的宰相李林甫为人狡诈，是个不折不扣的小人，他嫉妒贤能之士，害怕有才干的人入朝为官，会妨碍他的发展，于是他就从中作梗，一个人也没有被录取。

杜甫在此次考试中又一次落榜，当时的杜甫生活很穷困。这迫使他开始向一些贵人投诗。天宝末年，在唐玄宗举办祭祀大典之时，杜甫写了"三大礼赋"，这些作品得到了唐玄宗的认可。经过集贤院考试后，杜甫被任命为右卫率府胄曹参军，后得到了京兆府兵曹参军这一的职位。

杜甫在长安居住了将近十年，这让他看清了统治阶级的丑陋面目。他的生活体验，以及他看到的贫苦百姓的生活，都深深地影响着他的创作，让他的作品更加地贴近大众。

公元755年，杜甫在回家的路上，看到唐玄宗和亲信们正在寻欢作乐。但是当他回到家后，却得知自己的小儿子被饿死了。当时正值秋收，这一切对杜甫的触动相当大。于是就有了《自京赴奉先县咏怀五百字》这篇作品。

在之后的战乱中，杜甫四处漂泊，也正是在这段时期，杜甫写出了很多流传千古的佳作。一生历经坎坷的杜甫，在公元770年的冬天，写下了《风疾舟中伏枕书怀三十六韵奉呈湖南亲友》一诗，不久后他便病死在船上，享年五十九岁。

杜甫为后人留下的诗作，据统计有一千多首。他在晚唐的经历，和他贫苦生活的体验，为他的现实主义写作手法奠定了基础。他在诗中对贫苦百姓寄以深切同情，他的诗歌往往体现着他博大的情怀，他因此获得了"诗圣"的尊称。又因为他的诗描绘了真实的社会场景，显示出唐代由开元、天宝盛世转向分裂衰微的历史过程，所以他的诗被称为"诗史"。

张旭怀素狂草齐名

我国的书法艺术在唐代也处于高度繁荣的时期，这一时期，我国涌现出了很多书法家，代表人物有著名的书法家张旭、怀素。

张旭，字伯高，在唐代开元年间曾做过官，担任过金吾长史（统管御林军的官员）等官职，所以他也被人们尊称为"张长史"。他性格张扬，特别爱好书法。传说他在写字前喜欢喝酒，喝醉后奋笔疾书，甚至用头发代替毛笔，沾着墨汁书写。

张旭喜欢从自然界中汲取灵感。他善于从日月星辰、花鸟鱼虫、雷雨交加等自然中体会运动、变化，并能把这些体会都通过他的书法表现出来。他甚至在看杂耍时，也能够从中汲取灵感。当他看到舞女舞剑，看着舞女不断变化的舞姿，张旭会联想到书法，突然思如泉涌。因为他具有这种触类旁通的精神，以及善于运用从生活中汲取精华的方法，张旭在草书上有了很高的造诣，正因如此他被后世尊称为"草圣"。

怀素是湖南长沙人，俗家姓钱。他在十岁时，突然有了出家的念头，父母无法阻止他，只好顺了他的心意。

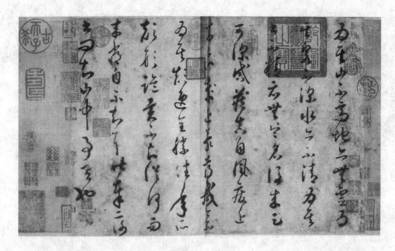

怀素草书《论书帖》

　　怀素对书法十分喜爱，特别是草书，他非常刻苦地学习草书。因为家境贫寒，买不起练字的纸，他就做了漆盘和漆板练字，由于反复地练习，结果把漆盘和漆板都写破了。他练习用过的笔，由于数量过多，无处存放，只能埋在山下，他还题了"笔冢"两字，表示纪念。

　　怀素也善于从自然中吸取经验。一次，他看到云彩在天空中不断地变化形态，像奔马、像大鹏、像奇峰。他忽然联想到，可以把这些变化运用到书法之中，因此怀素的草书就有了他自己的风格。

　　后来，张旭的学生颜真卿把张旭的"十二笔意"连同自己的心得交给了怀素，怀素的造诣就此得到升华。当看到他作品的时候，颜真卿非常高兴，他认为"草圣"的技艺有人传承了。

吴带当风

唐代是我国各种艺术都空前繁荣的时期。在这一时期，中国绘画也发展到了一个巅峰阶段。唐代可以查考到的画家，就有超过四百人。

在中国画的分类中，人物画是其中历史最为悠久的，可以追溯到战国时期。发展到唐代，人物画的技法可以说已经十分成熟了。唐代的吴道子是当时最著名的人物画画家，有"画圣"之称。他所画的人物身上的衣带轻软圆润，好像在随风飘动一样，因此被称为"吴带当风"。他的人物画在当时可谓独树一帜，被称为"吴装"。

吴道子由于自己的画而声名大噪，被唐玄宗召见入宫，担任了宫廷画师之职，从此他告别了颠沛流离的生活，可以在优厚的条件下进行创作，可以尽其所能地施展才华。

天宝年间，唐玄宗开始思念四川嘉陵江的山川风光，便让吴道子前去把嘉陵江的胜景描摹下来。

吴道子非常高兴，接到圣旨后立即动身。但是他并没有作画，而是沉浸在山山水水中，并把嘉陵江壮观的景象全都印在心中。

离开四川之时，吴道子什么也没有拿，只身回到长安。唐玄宗看到他如此，以为他忘了任务。吴道子却胸有成竹，对唐玄宗说嘉陵江的山川风光已经在他心中了。

唐玄宗不相信他的话，便让他在大同殿上当场作画。吴道子就当着唐玄宗和大臣的面，毫不犹豫地信笔挥洒，如行云流水般，仅花了一天时间，就完成了一幅嘉陵江风光图。整个画面，到处奇峰峻岭，浑然天成，云山烟雨相互交织，让人无法分清景与画，感觉就像只身在山水之中一样。

唐玄宗看到后被深深地吸引了，好一会儿才想起让人把李思训的画取来，对这两幅画做了仔细的比较。比较后唐玄宗不禁赞叹，两幅画都同样的美妙。

从此，吴道子仅仅花一天时间，就画出嘉陵江三百里风光的事迹被广为流传，成为了千古佳话。

鉴真东渡

唐朝是我国经济文化发展的鼎盛时期，这吸引日本派遣唐使，来对大唐的文化进行学习。同时，他们还邀请中国高僧去日本讲授佛法。

唐朝与日本等邻国之间的友好往来十分频繁，这都是鉴真和尚的功劳，甚至可以把他看作是唐朝时中日友好的代表。当时的日本希望请中国高僧为日本僧人授戒，这样就可以更加规范地管理僧人的资质和数量。而鉴真正是他们想要邀请的人。

鉴真出生在扬州，十四岁时就做了和尚，二十二岁受具足戒。他曾跟随过多位名师学法，在名师们的熏陶下，勤奋好学的鉴真很快就成为了有名的高僧。鉴真认为日本与佛法有缘，便想派弟子前往，但是弟子们认为路途遥远，又要渡过茫茫大海，很危险，所以没人愿意去。

鉴真见徒弟们如此，便决定只身前往，那时的鉴真已经五十五岁了，他的做法感动了弟子们，他们决定跟随师父一同去日本。但是，事情并不顺利，由于唐朝的海禁较严，海上环境恶劣，他接连四次想要渡海都没有成功。

公元 748 年，鉴真第五次渡海的时候已经年过六十了。他带着弟子们从扬州出发，但却遇到了风暴，被迫停泊了近两个月的时间才再次出发。而再次出发时又遇到了台风，船只在航行中迷失了方向。他们的船只在海上漂流了十多天，渐渐地没有了粮食和淡水。鉴真和弟子们虽然经历了重重磨难，但是没有磨灭他们传法的决心。

在历经艰辛后，公元 753 年，已经六十六岁的鉴真，开始准备第六次东渡。由于事先安排较为周密，鉴真终于在次年登上了日本九州岛，历经多年鉴真东渡终于成功。

到了日本，鉴真受到日本人民的欢迎，并且请他在东大寺建筑戒坛，还授予他"传灯大法师"的名号。鉴真带去的不仅有中国的佛法，还有书法、艺术等等，这一举动推动了中日间的文化交流。

唐代我国与日本的交流，多以日本派遣唐使、留学生为主，他们回国后，广泛传播唐朝文化，为当时日本文化的发展做出了巨大的贡献。

口蜜腹剑

　　唐玄宗登基后，历经"开元盛世"，唐朝有了二十多年的太平。这样的功绩让唐玄宗以为从此天下就太平了，于是他开始深居宫中，纵情声色，国家大事都交给了当时的宰相李林甫处理。这便是唐朝衰落的祸根。

　　李林甫原来只是吏部侍郎，为了上位，他想尽办法讨好妃嫔，和宦官结交，通过他们对唐玄宗的好恶有了一定的了解，这样他就可以博得唐玄宗的信任，对于他的发展会有更大的帮助。后来，他又通过所写的奏章来讨皇帝的欢心。

　　唐玄宗当时十分宠爱武惠妃，李林甫就想尽办法讨好武惠妃，并表示会全力支持武惠妃的儿子寿王，这使得武惠妃十分满意。自此以后，武惠妃不断地在皇帝面前说李林甫好话。当时的宰相张九龄为人正直，只要是不对的事情，他就会和唐玄宗据理力争。李林甫一直想要坐上宰相的宝座，于是李林甫就抓住了张九龄的这个脾性，在皇帝面前诋毁张九龄，并且成功地挑拨了唐玄宗和张九龄的关系。最终，唐玄宗让李林甫代替张九龄做了宰相。从此以后，朝中的官员为了自保没有人再敢说真话了。

李林甫想尽办法独揽大权，他把唐玄宗与大臣们隔绝开，不让大臣们上奏。李林甫虽然不学无术，但却有着很深的城府，无人知晓他的想法。李林甫最擅长阿谀奉承，只要是皇帝看重的人，他就会借机与其结交。只要对方一危及自己，他就用尽手段加以暗害。所以，人们对李林甫的评价就是"口有蜜，腹有剑"。"口蜜腹剑"也由此得来。

唐玄宗曾想求得天下人才，要求但凡有一技之长的人，皆可以来京师参加考试。李林甫害怕自己的地位受到威胁，就要求郡县长官严格筛选，但最后他命令考官不许录取任何人，还向唐玄宗上奏，民间没有陛下需要的贤能之人，唐朝从这一时期开始逐渐地衰落，这也是唐朝由盛转衰的转折点。

杨玉环进宫

　　唐玄宗在位期间，武惠妃十分得宠，武惠妃的儿子李瑁与杨玉环结婚的时候，唐玄宗花了无数的钱财为他们操持。公元 736 年，武惠妃病逝。唐玄宗十分伤心，而后宫的嫔妃，他谁也看不上。

　　有一年，唐玄宗过生日，他的儿女、臣子们都来为他庆祝，希望他能够开心一点，但是唐玄宗依然闷闷不乐。这时候，他发现寿王李瑁的旁边站着一位美艳绝伦的姑娘，他瞬间就心动了，这个女子就是杨玉环。武惠妃在世时，唐玄宗虽然见过杨玉环，但是却没有留意过她。现在见到了杨玉环，唐玄宗格外心动。他很开心地与寿王、杨玉环喝酒聊天。高力士察觉到了唐玄宗的心思，就告诉唐玄宗，杨玉环和道教颇有缘分，希望能够将其召到宫中，做个女道士。唐玄宗听了这话很高兴，就立刻下令办好此事。

　　高力士让咸宜公主去劝杨玉环出家，咸宜公主答应了。寿王与杨玉环十分恩爱，他们知道这件事后也很无奈，两人抱头痛哭。最后杨玉环还是入了宫。杨玉环在入宫之后，就被送到了华清宫，在那里唐玄宗要乐师演奏《霓裳羽衣曲》，并让杨玉环跳舞。

此后，唐玄宗要求杨玉环在玉真观出家做了尼姑。公元 745 年，唐玄宗将韦昭训的女儿赐给寿王，做了寿王妃。而杨玉环则被封为了贵妃，杨玉环在宫中十分得宠，被人们称为"娘子"。杨玉环很喜欢吃荔枝，但是荔枝生长在南方，很难吃到新鲜的。唐玄宗就命人用快马将荔枝送到长安来，给杨玉环吃新鲜的荔枝。杨玉环有一次触怒了唐玄宗，唐玄宗就将杨玉环送到她哥哥那里。但是没有了杨玉环，唐玄宗就变得失魂落魄的。后来杨玉环就剪了自己的一缕头发给唐玄宗，唐玄宗急忙又将其接回了宫中，并且发誓永不相负。

虽然唐玄宗与杨贵妃的爱情很感人，但是杨贵妃的亲戚却因为她的关系，十分的跋扈，同时李林甫等奸臣也把持着朝政，这使得唐朝的江山开始岌岌可危。

安禄山叛乱

公元 755 年（天宝十四年）冬，安禄山认为时机已经成熟，于是发动了叛乱。十一月初，安禄山集结了十五万人马，连夜向南进军。当时的百姓多年没有经历过战争，突然听说兵变，没有及时做好准备，各个地方的防守瞬间就被瓦解了，很快洛阳就沦陷了。长安危急，唐玄宗面对这一局面，只好仓皇出逃。

逃难途中，有大臣告诉唐玄宗，安禄山想要谋反的心思早就路人皆知了，曾不断有人向陛下上奏，但是陛下一概不信，才有了今天的局面。唐玄宗听后追悔莫及。

安禄山是胡人，原是被判了死刑的犯人，张守珪见他语言豪壮，便放了他。张守珪命令他与同乡一起去活捉俘虏，安禄山每次都能抓到，他便把安禄山提拔为偏将。

安禄山为人狡猾，善于投人所好。他在任职平卢（今辽宁朝阳）兵马使的时候，每一次朝廷来人，他都会厚礼相送。一次，采访使张利贞前来考查，安禄山更是无比殷勤，就连张利贞身边的人都给予厚待。张利贞回朝后，便夸奖了安禄山一番，这让安禄山在升官的路上十分畅通。

公元 743 年，安禄山入朝，这时的唐玄宗更加宠信他。安禄山为了自己能够不断地邀功，获得皇帝更多的信任，便经常侵略边境各族。有些部族无法忍受，就杀了唐室公主起兵反叛，安禄山便趁机出兵。有一年，他请求来见唐玄宗，献上来自奚部落的俘虏八千人，皇帝亲自嘱咐考核的官员给他评"上上"。

由于安禄山的精明算计，他很快就成为兼领三镇的节度使。兵权在握的安禄山，渐渐地开始目中无人。他认为皇帝已经年老，而朝廷也松散不堪，已经没有可以与他对抗的力量了。他的手下也趁机劝说，让他起兵叛乱。安禄山本来就有取代唐玄宗之心，于是他便开始积极地准备，他驯养数万匹战马，到各地去收集刀枪。做好了一切准备后，便起兵发动了叛乱。

杨玉环之死

安禄山发动叛乱后，唐玄宗立即派重兵把守潼关。每晚在烽火台点一把火，当作平安的信号。因此，当时长安的人们天天都祈盼着能看到"平安火"。

公元756年六月的一天，人们没有看到"平安火"。这个消息终于还是传来了，潼关失守！这样一来，就等于打开了长安的大门，安禄山的叛军随时都可能攻进长安。

潼关失守后，城中百姓十分慌乱，都准备逃出城去，这时杨国忠让杨贵妃的姐姐们入宫，她们劝唐玄宗和杨贵妃离开长安，往成都逃难。唐玄宗同意了。

第二天上朝时，唐玄宗就宣布自己要御驾亲征。当晚，唐玄宗开始准备逃跑，六月十三，天刚亮的时候，唐玄宗就带着杨贵妃和她的三个姐姐，还有皇子、妃子、公主、皇孙、杨国忠、陈玄礼、大太监等等，狼狈地逃出皇宫。

唐玄宗逃出长安后，沿路的郡县也都一片慌乱，大家都在逃难，没有人来接驾。他们只能向老百姓索要食物。在没有碗筷的情况下，

皇子、皇孙们也顾不上其他，都直接用手抓，很快就把饭吃个精光，但是他们依旧很饿。

唐玄宗众人一路上走走停停，六月十四，他们到了马嵬驿。大家又饿又累，怨声载道，众怒难平，于是有人为了安抚将士们，打算杀死杨国忠。最终杨国忠在逃跑的时候被乱枪捅死，将士们把他的首级悬挂在枪上示众，杨国忠的亲人、随从在混乱中都被杀了。

唐玄宗听到吵闹声，便问下人外面发生了什么事。下人回答他杨国忠意图谋反，已被杀了。

但是人们还是不肯罢休，要求唐玄宗下令处死杨贵妃。唐玄宗十分犹豫，他认为杨贵妃久居深宫，不会知道谋反的事。但是为了稳定局势，安抚军心，大家极力劝解，唐玄宗无可奈何，就下令把杨贵妃绞死。

杨贵妃被绞杀，陈玄礼等人在驿馆的院子里检查她的尸体，确认无误后，才继续前进。

张巡借箭抗敌

唐玄宗一路向西逃难，逃难途中一些忠于朝廷的官员，纷纷调动军民共同反抗叛军。其中，张巡就是在抗击叛军中表现英勇，立下多次战功的将领。公元756年正月，叛军连续攻陷宋、曹等郡，谯郡太守杨万石也向叛军投降了，他们还逼迫真源县令张巡一同投降叛军。但是张巡并未与他们同流合污，反而率兵讨伐叛军，在雍丘打败了叛军大将和原雍丘县令令狐潮。

张巡

不久后，令狐潮卷土重来，带领大军攻向雍丘，想要一雪前耻。当时张巡的手中只有区区四千人，士兵们个个都很紧张，但是张巡却成竹在胸，他认为只要出其不意地进攻，敌人一定不战而惊，这样就可以趁势追击，打败他们了。

于是，他先派一千人登城进行防守，而自己则亲自率一千人出战，这一千人又被分成多个小队，在打开城门的瞬间冲出。张巡身先士卒，一路向贼阵冲去，贼兵受到这样的冲击后人仰马翻，节节败退。

第二天，叛军用百门大炮轰城，把城楼都打塌了。张巡立即修建木栅进行防守。但是叛军如蚂蚁一般蜂拥而来，张巡便让士兵把干草浸透油脂，点着后投向贼兵，使得叛军无法继续进攻。很快雍丘城里的箭就用完了，张巡学习诸葛亮草船借箭的方法，让士兵做了一千多个稻草人，给它们披上黑衣，在晚上用绳索吊到城下。叛军看到后，以为是城中的军队前来偷袭，不断地用箭射击。很久以后，才发现那些都是草人。但这时，草人身上已经插满了箭，一共有数十万支。

后来，张巡又在夜里派了五百名士兵组成敢死队出城，贼兵认为又是草人，并不防备。敢死队十分轻松地就进入贼营，叛军猝不及防，顿时乱作一团，不得不烧掉营帐逃走了。张巡用自己的智谋保全了城池，还给叛军不小的打击。

公元756年，雍丘城战争开始，叛军的数量一直在增多，但张巡仍旧率将士死死守住城门，直到他们奉命撤离。在这期间，雍丘城毫发无损。为表彰张巡的忠诚，唐肃宗李亨特意下诏，追封张巡为扬州大都督。

李光弼挫败史思明

唐王朝不断地收复失地，在收复两京以后，唐肃宗决定派大军围剿安庆绪。这一仗，唐军派出九个节度使，共率领六十万士兵。但是由于唐肃宗猜忌心重，九路大军没有主帅，还派不懂行军作战的鱼朝恩前去指挥。

唐军在进攻邺城时，史思明再次举兵反唐，他带兵前去援救安庆绪。唐军战败，鱼朝恩把责任都推给郭子仪。唐肃宗十分相信鱼朝恩，就罢免了郭子仪朔方节度使的职务，派李光弼接替郭子仪。

这时，叛军发生内乱。史思明杀了安庆绪，自称大燕皇帝，并且率领人马，攻向洛阳。

李光弼也赶到洛阳，洛阳的官员们听说史思明率大军前来，心中十分害怕，有人甚至主张退守潼关。最后李光弼把军队转到河阳（今河南孟州南），一个可攻可守的地方。史思明几次想要攻打河阳，都被李光弼用计谋打退。

终于，史思明下了狠心，集中了兵力，兵分两路进攻，派周挚攻打河阳南城，自己则攻打北城。李光弼看出敌军虽然人数众多，但是队伍不整齐，十分骄傲，他有信心获胜。李光弼马上拨出五百名骑兵，派两名将领率领，分两路攻打西北角和东南角。

李光弼鼓舞战士们的士气，用自己的智慧制订着作战计划。他看到自己军队的士气旺盛，便下令总攻，将士们看到信号，争先恐后地奋勇杀敌。叛军再也抵挡不住，渐渐溃不成军。

史思明看到局势如此，知道周挚已全军覆没，连忙下令撤退，一路逃回洛阳。李光弼与史思明的战斗持续了将近两年。唐肃宗听从鱼朝恩的劝说，命令李光弼前去攻打洛阳，李光弼却认为敌军兵力强盛，不该如此轻易地攻城。唐肃宗却不听劝，接二连三地派人逼他进攻，最后李光弼只得无奈进攻，果然战败，李光弼主帅的职位也被撤了。

史思明见强大的对手没有了，就趁机进攻长安。幸亏叛军第三次内讧发生，史思明被他的儿子史朝义谋害。此时的叛军四分五裂，公元763年，史朝义因兵败而自杀。

从安禄山叛乱开始，到史朝义的失败，中原地区一共持续了八年的内战，历史上称之为"安史之乱"。

刘晏通漕运

长安成为唐朝都城后，粮食的供应就变成了重要问题。虽然有渭河平原，但平原的面积并不大，所以生产的粮食无法满足人民的需求。一旦发生水旱灾荒，许多人就会被饿死。所以，唐朝开始有了从江南到长安的千里漕运（本意指水路运输，后指历代将所征粮食解往京师或其他指定地点的运输），方便把粮食运到都城。

当时的漕运，路途非常遥远，而且行船十分不易，特别是在一些险要地区常常会翻船、丢粮食，就连运粮食的人也性命难保。

面对这一难题，唐代宗想到了善于解决经济问题的刘晏。公元764年，唐代宗封刘晏为御史大夫，主要解决漕运问题。刘晏为人非常勤奋，他一到任，立即开始做调查，勘察漕运水道的情况，并询问参加过漕运的人以发现问题。

经过调查和亲身体验，刘晏决定先进行河道的疏通，他组织民工疏浚汴水。刘晏听取老船工的意见。采取分段运输，每一段漕运由熟悉这一水域的船家负责。

但是分段运输又出现了新问题，装卸成为了一个难题。古代的粮食是散装的，所以装船十分费劲。刘晏便让人把粮食装进袋子。这样，搬运起来更加方便，就算翻船也可以把粮袋打捞上来。

在漕运路途中，三门峡是最大的难题。这里水流湍急。刘晏经过仔细思考，花费重金，打造了两千艘十分坚固的大船，他还安排人对行船进行统一指挥。就这样，硬是一步步地把粮船拉过三门峡。在刘晏管理漕运期间，每年所运的粮食可达一百多万石，没有一斗米沉没江中。

由于粮食供应充足，长安的物价逐渐平稳，人心也越来越稳定。疏通漕运，也带动了唐代水利事业的发展，充分地利用了水力资源。唐代水利灌溉事业发达，其中约二百六十多处都是兴修的水利工程。例如，北方为了发展农田水利，开发了黄河、汾河等地带的水利工程。南方则更加注重江浙海塘、太湖湖堤等地的堤防工程。这些工程，为推动农业发展起到了巨大的作用。

"茶圣"陆羽

唐肃宗至德、乾元年间，我国历史上第一部有关茶的著作《茶经》出现了。《茶经》是一部专门研究茶艺的著作，内容十分丰富，对于茶的介绍很详尽，在后世广为流传并被引用。在我国的茶文化史上，《茶经》占据了非常重要的地位。

《茶经》是唐代陆羽所著。陆羽本是孤儿，被智积和尚抱回寺院收养，寺院的生活让他学到了很多东西。陆羽在寺院打杂的时候，常常煮茶，他慢慢地开始喜欢上茶道，并对茶展开研究，收获颇丰，自称为"桑苎翁"。后来他四处出游，到过很多地方，每到一个地方就到当地的茶园进行考察，渐渐积累了茶的相关知识，最终著成了《茶经》一书。他也因为这部著作，被人们尊称为"茶圣"。

唐代宗年间，李季卿出任湖州刺史时，巧遇陆羽。李季卿也是个喜欢品茶的人，他听说过陆羽在品茶方面的造诣，不想错过与他交流的机会，就主动前去邀请。陆羽与李季卿一同聊起茶道，在如何煮茶的问题上，陆羽认为，煮茶时火候十分难掌握，水煮得过嫩或过老，都无法充分发挥茶的本质，都会影响茶的口感。

　　李季卿随即想到，扬子江南零水非常难得，今日有幸在此，怎么能错过？陆羽对此也十分赞同。于是，李季卿就让几个士兵去取水，陆羽在船中备好茶具。片刻后，水取来了。陆羽凭借自己多年的经验，分辨出士兵所取的水中并不全是南零水。听到这些李季卿等人对陆羽更加钦佩了。

　　在公元5世纪的南北朝时期，我国已经开始把茶叶输出到东南亚等地区。公元9世纪的唐代，日本僧人把我国的茶种带到日本，因此茶渐渐在日本盛行开来。在公元10世纪时，蒙古商人把中国砖茶传播到了中亚。公元17世纪时，茶叶又被传到欧洲，后又到美洲。到了公元19世纪，茶叶已经走向全世界，被全世界认可，从而茶文化开始在世界范围流行。

奇人李泌

　　在中唐年间，出了一个有名的文臣，他就是李泌。李泌在小的时候就表现出了非凡的才智，他自小聪明伶俐，而且很喜欢学习，连唐玄宗都听说过他。后来，唐玄宗还亲自召见了李泌，并且出了一道题目考他。唐玄宗让李泌以"方圆动静"为题吟诵一首诗，李泌在思考过后，马上就作出了一首诗。唐玄宗听到这首诗后，对李泌十分满意和欣赏，还赐给了他一个名号，叫"小圣童"。后来，唐玄宗就将李泌接到了宫中，并让他陪太子读书和玩耍。

　　李泌在入宫时，年纪还很小，但却很有勇气和骨气。他曾经当面指责过宰相张九龄的错失，这使得张九龄十分惊讶，对李泌也另眼相看，并且尊称他为"小友"。李泌成年后，已经熟读了《老子》《周易》等古籍，游览过很多的名山，他在游历期间，还积极地与道士和僧人交往。

　　相传，李泌在衡山游历的时候，曾经遇见了一个和尚。这个和尚给了他半个火煨芋头，并且预言李泌将会有十年的宰相生涯。结果，真的应了这个和尚的预言，李泌做了宰相。李泌在做官的时候，并不是顺风顺水的，因为其刚正耿直，得罪了很多人，所以他在朝为官的时候，曾经四次被人陷害而离开朝堂，然后又四次回到了朝堂。他每次离开朝堂的时候，都没有生气，也没有任何的怨言。无论仕途怎样坎坷，他都保持着一颗平常的心态。从这一点就可以看出，李泌其实是一个淡泊名利的人，没有强烈的功利心。

在安史之乱后，唐肃宗继位。唐肃宗感到身边没有可用之才，就找到了李泌，并请他出山帮助自己。李泌一直在唐肃宗的身边辅佐他，并且为唐肃宗提供了很多有效的建议。然而，李泌却一直没有接受唐肃宗给他的官职。唐肃宗也没有勉强李泌，只是像对待老师一样地尊敬他。安史之乱平定后，李泌就主动请辞，离开了朝堂。

颜筋柳骨

颜真卿

公元782年（唐德宗建中三年），数个节度使公开反叛，其中淮西节度使李希烈的威胁最大。唐德宗听信谗言，派已有七十六岁的颜真卿去叛军中谈判。颜真卿为了朝廷和国家毅然前往。

颜真卿在叛军中，受到侮辱和恐吓，但是他依然面不改色。叛军见恐吓不起作用，就用名利引诱他，颜真卿也毫不犹豫地拒绝了。公元784年，李希烈百般无奈地将颜真卿缢死。

颜真卿不仅是爱国之臣，还是唐代著名的书法家。他的字很有特色，字体方正浑厚，就如同他正直的性格，这种字体被称为"颜体"。

颜真卿的颜体集百家之长。他在学习书法时，初学褚遂良，也曾受到过"草圣"张旭的亲自指点。他一边学习前人的经验，一边以篆书笔意写楷书，还改造了初唐四家"瘦硬紧劲"的风格，改后字体丰腴雄浑，这就是集结各家之长、别具一格的颜体。

在唐代的书法界，柳公权也是一位对后世有深远影响的书法家。

柳公权的书法，最出名的要数他的楷书。他的字也汲取了各家之长，在融合了欧阳询、颜真卿等人的字的特点之后，创造出了属于自己风格的"柳体"。后人一向把他和颜真卿并称为"颜柳"，也说明他们在书法艺术方面都达到了非常高的水平。他们的书法也各有特色，颜真卿的楷书以雍容气派为主，而柳公权的字则更显刚劲挺拔，因此他们的字又被称为"颜筋柳骨"。

柳公权的字，在唐朝十分有名。相传如果王公大臣死后，碑文不是柳公权所写，那就是子女的不孝顺。甚至连少数民族的使者进京送贡品时，也要趁机重金购买柳公权的墨宝。柳公权因为擅长书法，而被唐穆宗封为翰林院侍书学士。一次，唐穆宗和柳公权探讨如何能达到书法的高境界。柳公权就趁机向他进言，练字的关键在"体正"，而笔法是否端正受到心地是否端正的影响。自此，柳公权"心正则笔正"的说法就广为流传，他也被后世奉为楷模。

郭子仪智退敌兵

安史之乱后不久，大唐国力还没有恢复，就有人趁机发动了叛乱。公元764年，仆固怀恩作为河北副元帅，认为自己在战争中功劳很大，而朝廷却没有重用他，于是就挑唆回纥和吐蕃发兵攻唐。第二年十月初，回纥、吐蕃的军队一路攻打到泾阳（今陕西泾阳境），朝廷大为震惊，有人劝说代宗逃离长安，但遭到了大臣们的强烈反对。于是朝廷开始考虑如何抵抗叛军，经过商讨，大家一致认为，要想打败叛军，老将郭子仪是首要人选。

郭子仪

郭子仪是大唐的名将，但当时他已经年近古稀。泾阳的官兵很少，于是他命令部下加强防守，禁止出战。后来郭子仪了解到回纥、吐蕃之间出了问题，他觉得这是一个机会，于是他派李光缵等人到回纥军营，劝说回纥与郭子仪合作，一同讨伐吐蕃。但此前仆固怀恩曾欺骗回纥人，说代宗和郭子仪都已经去世了，所以回纥人不相信李光缵等人。

郭子仪知道此事后，决定亲自去同他们见面，希望能够不战而和。将领们提出安排五百名骑兵保卫郭子仪，却被郭子仪拒绝了。他认为如果真的能凭借一己之力平息战争，就是死也是值得的。郭子仪来到回纥大营后解下头盔和战袍，回纥的首领们看到了，都围着郭子仪拜下去。双方见面后相互寒暄，郭子仪也毫不客气地对他们的行为进行了谴责。

回纥大帅药葛罗急忙说出实情，原来是仆固怀恩骗他们，说大唐皇帝和郭公都已经不在世了，不然他们怎么可能会同郭公兵戎相见。郭子仪也趁机劝说他们与自己联合，共同攻打吐蕃。

药葛罗见郭子仪如此，觉得十分愧疚，就决定为他出一份力，共同打败吐蕃以表达求和的心意。达成协议后，郭子仪便拿酒与药葛罗共饮，药葛罗与郭子仪执酒为誓。

就这样郭子仪凭借机敏善辩同回纥订立了盟约。吐蕃收到这一消息后，十分害怕，仓皇地连夜逃走了。

白居易写《琵琶行》

　　在唐代宗大历年间，唐朝已经进入中晚期，这一时期，最著名的诗人要数白居易。

　　白居易，字乐天。他的祖父和父亲都曾做过县令等地方小官，他的祖母和母亲也都是有文化的人。这样的家庭对白居易的影响很大，白居易五六岁时就已经开始学如何写诗，八九岁时就懂得声韵了。但是随着父亲官职的调动和战乱的纷起，白居易被迫到了局势比较安定的浙江，借住在亲友家，过着漂泊不定的生活。正是这段生活让他对人民生活的困苦有了更为深刻的认识，这对他以后的创作产生了很大的影响。

　　白居易在未成年时就带着诗稿来到京都长安，拜见顾况。顾况读了白居易的诗句后，十分欢喜，于是白居易的诗名，在长安盛传。贞观年间，白居易考中进士，成为了秘书省校书郎。

　　唐宪宗登基后，因为欣赏白居易的诗，就封他做了翰林学士，后来又将他提为左拾遗。在此期间，白居易写了很多反映人民疾苦的诗，这些诗中难免会有讽刺达官贵人的诗句，他也因此得罪了很多有权势的人。

公元 815 年，李师道暗中派刺客刺杀宰相武元衡，裴度也被刺伤。白居易当时任左赞善大夫，这个官职只负责给太子讲道理，没有权力干预朝政。但是白居易愤而上书，这一举动给那些权贵找到借口，在一番鼓动下，唐宪宗把白居易贬到江州（唐辖境，相当于今江西九江市、德安、彭泽、湖口、都昌等地）做刺史。还没到江州，他就又被降为江州司马。在江州时，他写下了流传千古的名诗——《琵琶行》。

这之后，白居易又被朝廷重新重用，但晚唐时期，皇帝大都昏庸荒唐，白居易无法真正实现自己的政治抱负，因此晚年的他，开始信奉佛教，常常和香山寺的和尚往来，甚至还出钱整修香山寺，他也以"香山居士"自称。

公元 846 年，白居易病逝，终年七十五岁。

白居易的诗主张"为时""为事"而歌，也就是以现实为主。他是公认的继杜甫之后现实主义诗人的又一杰出代表。

浑瑊、李晟平叛

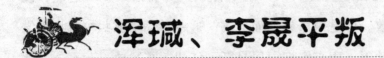

安史之乱时期，唐朝政府为了能够抵抗叛军，分封了很多的节度使。叛乱被平定后，节度使们却乘机不断地扩大自己的力量。他们顶着藩镇的名义独揽大权，不向朝廷上缴赋税，甚至自己设定官吏，从而出现了藩镇割据的局面。

公元 783 年，唐德宗决定出兵征讨节度使。他命姚令言率领五千人，前去围剿反抗朝廷的节度使。

士兵在路过京城长安时，希望可以得到赏赐。但是当时的朝廷经济十分困难，所以唐德宗没有犒赏他们，只是命令京兆尹王翊慰劳军队，但王翊只给将士们吃素菜和糙米饭。为此，泾原（治所在今甘肃泾川北）士兵十分气愤，把饭菜倒在地上，决定到城里抢劫财物。百姓们吓得四处逃跑，京城里立刻乱作一团。

唐德宗也十分害怕，只得带领妃子、太子等仓皇离开长安，逃到奉天（今陕西乾县）。

姚令言拥立太尉朱泚（cǐ）为主帅。朱泚本就野心勃勃，进宫后，他拼命拉拢长安官员，尤其是不得志的官员，想要得到他们的支持，好谋取皇位。

很快，朱泚就开始自称大秦皇帝。在第二年一月，改国号为汉，自称汉元天皇。从他称帝以来，唐朝皇族有七十多人被杀，他还亲自带兵马攻打奉天。

此时，唐朝大将浑瑊已经来到奉天，经过昼夜苦战，奉天保住了，但是朱泚把奉天包围起来，攻打了一个月之久，城中粮食短缺，情况危急。幸好此时大将李晟（chéng）等人前来救驾，才让奉天免去了沦陷的危险。很快，朱泚就被李晟等打败了。在公元784年五月，李晟终于收复了长安。朱泚和姚令言只得带领残兵，朝西面奔逃，在逃跑的途中被部下杀害。

此次泾原兵变，经历了半年多的时间；唐德宗仓皇出逃至奉天，被变军包围一个月有余，史称"奉天之难"。在唐王朝的末期，虽然面临着很多的困境，但还是一次次地脱离了险境，也可说是唐王朝不该灭亡。然而，唐王朝已经腐朽不堪，其灭亡只是时间的问题。

宪宗削藩

在安史之乱发生之后，朝廷为了镇压住叛军，就在各个地方都设置了节度使。但是这些节度使在安史之乱平定后，开始拥兵自重，积极地扩展自己的地盘，他们逐渐脱离朝廷的控制，藩镇割据开始形成，这严重威胁唐朝的中央集权。

公元805年，唐宪宗继位，其在即位后想要改变藩镇割据的局面，他开始积极地进行削藩，并发动了多次削藩战争，最终他获得了胜利。在元和年间，唐朝的中央集权得到了巩固。

元和元年，宪宗派出大军征讨西川节度使刘闢，并且在与刘闢的战争中获得了胜利。同年，宪宗凭借高昂的士气，继续进攻杨惠琳。杨惠琳是前任夏绥节度使韩全义的外甥，在韩全义到了长安后，其就把持着军权，最后反叛了。宪宗知道这件事后，就立刻派人去

唐宪宗

攻打，最终杨惠琳被张承金所杀，并且斩下杨惠琳的首级，叛乱得以平定。

公元807年，宪宗又派出军队去讨伐镇海节度使李锜，这次的战争依然是宪宗获胜了。随着这场战争的胜利，宪宗的威望逐渐提升，唐朝的中央集权也得到了巩固。自此，一些节度使又重新归附了大唐。紧接着，唐宪宗又派兵攻打不听从其号令的成德节度使王承宗，但是其对战王承宗用了两年的时间，依然没有取得成功。不得已之下，宪宗停止了攻打成德，开始集中力量攻打淮西节度使吴元济。在宪宗与吴元济的战斗中，最出名的就是蔡州战役。在这场战争中，宪宗的大军打败了吴元济，同时还俘虏了他，他被押到长安后，就被宪宗处死了。

在蔡州战役中，宪宗任命的大将是李愬。李愬在攻占了蔡州后，就开始趁势进攻牙城，并顺利地收复了申州以及光州两地，淮西自此变成了大唐的属地。元和十三年，唐宪宗终于完成了其削藩的主张，全国上下所有的藩镇势力都被镇压，藩镇重新愿意接受大唐的号令，大唐得以稳定。

王叔文改革

晚唐时期，除去藩镇割据的威胁，政治上还有一个弊病，那就是宦官专权。在唐代，宦官由奴仆逐渐发展为有官职的人，甚至可以左右朝廷政事。唐德宗时，宫中还常常派宦官在市场上强买百姓的物品，称为宫市。由此可见，宦官们不但把持着朝政，还会到社会上公然掠抢，欺压百姓。

公元 805 年，李诵在病中即位，他就是历史上的唐顺宗。顺宗即位后，任命王叔文、王伾等人进行政治改革。顺宗的年号是永贞，这一改革在历史上被称为"永贞革新"。王叔文掌权后，立即下了一道命令，取缔了宫市、五坊小儿等等，还免除了苛捐杂税。

王叔文深知自己的声望不够，就上书建议，由韦执谊担任宰相，还起用柳宗元、刘禹锡等名望颇高的有才干之士，使得朝廷面貌焕然一新。

王叔文清楚，想要改变宦官专权的局势，最重要的就是夺取宦官手中的兵权。顺宗为此派去了颇有威望的老将范希朝前去掌握神策军。但是，神策军的很多将领都是宦官们的爪牙，所以范希朝到神策军接管人马时，宦官们早就做好了准备，迫使范希朝空手而归。

王叔文大刀阔斧地进行改革，大大地伤害了宦官们的利益，他们十分气愤，也很害怕。他们当然不会等死，当时的宦官头子俱文珍盗用顺宗名义，将王叔文免职。同时，他还勾结了很多大臣，谎称顺宗病重，无法执理朝政，由太子李纯监国。后来，太子李纯就正式登基，他就是唐宪宗。

顺宗的被迫退位，让施行了不到一年的"永贞革新"以失败告终。王叔文等人的变法再也没有人支持，而且因为他们得罪了宦官，最终王叔文、王伾都被贬，就连柳宗元、刘禹锡等八人也都一起被贬到边远地区，在历史上他们被称作"二王八司马"。

在王叔文被贬谪的第二年，就被人秘密杀害了。

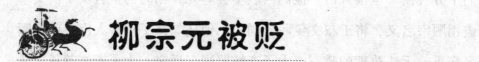

柳宗元被贬

柳宗元在被贬到柳州（今广西柳州）时，很是平静，这都源于于他被贬永州（唐辖境，相当今湖南永州、永安、祁阳和广西全州、灌阳等市县地）时的经历。柳宗元是河东解（今山西运城市西南）人，也正因如此，他也被称作"柳河东"。他从小就能写出一手好文章，二十一岁就考上进士，做了官。但是因为他支持王叔文改革，后来被发配到边远地区当了刺史。

被贬的生活让柳宗元对社会腐败有了更深刻的体会，因此他的作品中不乏一些寓意深刻的讽刺文章。有的是对贪官污吏的讽刺，有的是对封建地主的讽刺。这些都深受大家喜爱。

柳宗元在永州生活了十年。公元815年，柳宗元再次回到长安。他虽然一心想为朝廷做事，但是他却无法适应朝廷的风气，不久就又受到群臣的排挤，再次被贬到柳州。

这时的柳宗元习惯经常走访民间，体察民情，尽力为老百姓做好事。他想用自己的力量，去除柳州的陋习，尽力不让奴隶失去自由，柳宗元下决心要改变这种状况。他下令，任何奴隶都可以由亲人或朋友按原本所借的债还清赎回；没有能力赎回或立即赎回的，可为债主打工偿还，或等工钱和债务相当的时候，予以解除债务关系，还百姓自由之身。柳州人民得知后，奔走相告十分高兴。

但是很快柳宗元就发现这样无法解决根本问题，因为很多奴隶已经丧失了劳动能力，无法通过工作还账，无法进行自我赎回。见到这种情况，柳宗元内心悲痛万分。他不惜用自己的俸禄赎回这些奴隶，并且把他们送回家中。柳宗元在柳州努力废除人身典押的陋习，这种做法对附近的州县也产生了深远的影响。柳宗元为柳州人民尽心尽力，柳州人民也都十分爱戴他，更是亲切地称他"柳柳州"。在公元819年，柳宗元病重，在柳州去世。

除了这些，他还跟韩愈倡导了一场古文运动，对改变当时文坛上只注意形式，而忽略内容的文风起到了积极的作用。他的一生，写了很多寓言、传记、政论散文，另外还有许多诗歌。

李愬攻占蔡州

唐宪宗登基后，对于藩镇割据政权严肃处理绝不姑息，这使他主政的元和年间又一次呈现出了兴盛的局面。公元814年，淮西节度使吴少阳病逝。但是吴元济并没有将此事上报朝廷，反而自己管理淮西军务，占据蔡州（今河南汝南）一带的三个州，发动叛乱。他占据的土地面积虽然不大，但地理位置却十分重要。

宰相李吉甫劝说唐宪宗，要及早处理此事。唐宪宗赞同李吉甫的想法，于是在公元814年，下令出兵讨伐吴元济。朝廷共出动了十六路人马，九万大军前去攻打淮西。

唐军在淮西攻打多年，并未成功，公元816年底，唐宪宗任命李愬为唐、隋、邓三州节度使，前去唐州（今河南泌阳）。

李愬是唐朝名将李晟之后，为人聪慧机敏。他到唐州后，故意装出胆小怕事的样子，麻痹吴元济，吴元济听到传言，就信以为真，认为李愬无能，也放松了对他的戒备。

那时，唐州官军打了败仗，正值士气低落的时期，很多士兵也都受伤了。李愬亲自慰问伤兵，和士兵们同甘共苦。他的做法让将士们很感动。李愬看准时机，就请求增援，准备攻打蔡州。于是朝廷又派给他两千骑兵。李愬还争取了很多熟悉叛军内情的将士前来投降。

公元 817 年冬季的一天，刮着大风，下着大雪，天气十分恶劣。李愬突然安排李祐、李忠义带兵组成突击队，而由自己和朝廷派来做监军的宦官作为中军，其他将领带领士兵为后军。当大官军到达蔡州时，蔡州守军毫无戒备。李祐、李忠义十分容易就攻进了内城。

到天快亮时，李愬已经控制了全城，此时的吴元济还在睡觉。当他听到外面传来上万人的喊杀声时，他害怕起来，带领士兵垂死挣扎。但吴元济只维持了两天，就抵挡不住了，最后只能投降。蔡州一被攻破，吴元济驻守各地的叛军就纷纷投降。而吴元济也被押解到长安接受死刑。

就此唐朝统一的局面，得到了暂时的加强。

裴度平定淮西

公元 814 年，淮西节度使吴少阳的儿子吴元济，因为想要坐上父亲的位置，就对父亲的去世秘不发丧。而苏兆与侯惟清认为吴元济这么做有欠妥当，于是建议他直接向皇上说明此事，到时候杨元卿会支持他的。然而，吴元济并没有听他们的话，还杀了杨元卿一家。

唐宪宗很不喜欢吴元济，并没有答应他的请求。于是吴元济在气愤之下，就放火烧了舞阳以及叶县。同时他还占领了鲁山等三座城池，掠夺了那里的财物，逼迫唐宪宗承认他的割据势力。

唐宪宗对于吴元济的做法十分生气，他派几路大军同时去围剿吴元济。其中一路大军是由严绶带领的，这个人没有任何的军事才能，很快他就被吴元济打败了，而且其他几路大军也损失惨重。朝中的大臣们知道这种情况后，纷纷上奏让唐宪宗承认吴元济的割据事实。但是裴度、武元衡等人却不同意，唐宪宗也很犹豫，就让裴度到前线去了解一下情况。

裴度在前线视察后，就向宪宗报告了情况，他认为只要宪宗决心平定淮西，就一定能够做到。同时裴度还推荐李光颜做了大将。李光颜开始对淮西作战，并且取得了几场胜利。

公元 815 年，李师道开始刺杀朝中主战派的代表，宰相武元衡被杀，裴度也差点死掉。唐宪宗对此事十分惊讶，为了压住其他的求和官员，他就封裴度为宰相。裴度在得知很多的大臣都想求和后，十分气愤，就请旨要到前线去，不将淮西平定，他就不回来。唐宪宗很感动，于是就派他和韩愈一起去了前线。

到了前线后，裴度请求唐宪宗废了宦官监军这一职务，唐宪宗应允了。自此以后，前线军队纪律严明，战斗力也大大提升了。

公元 817 年，李愬奉命奇袭蔡州。当李愬派人打听出蔡州的主将是董重质后，就找到了董重质的家人，董重质不得已投降了。后来李愬终于占领了蔡州，并且活捉了吴元济，自此以后淮西算是稳定了。

韩愈倡导古文运动

魏晋南北朝时期，文坛兴起了"骈文"，这种文体讲究对仗、声律和藻饰，全篇主要以上下对称的双句为主，又因为每句主要是四个字或六个字相间，因此也被称为"四六文"。骈文不断地发展，其后期对声韵对仗工整的要求也越来越严格，这就使得很多人只单纯地追求词藻华丽，而忽视了文章的内容，很多骈文的内容都很空洞，让人不知所云。

唐德宗时期，这种不健康的文风受到文学家韩愈、柳宗元的关注与革新。他们凭借自己的文学成就和主张，让唐代的古文运动在中国文学的发展史上占有重要的地位，同时也对文坛产生了深远影响。

韩愈是河阳（今河南孟州南）人，字退之。韩家在昌黎（今辽宁义县）也曾是名门望族，因此他自称昌黎人，后世则称呼他为韩昌黎。韩愈年幼时就没有了父亲，因此他的生活一直十分困苦，颠沛流离。韩愈学习十分刻苦，七岁开始读书，十九岁时就到京应考，但是经过三次考试都没考中，第四次才勉强考中了进士，那时他已二十四岁了。十年后，他才得到国子监四门博士（古为官名）官职，后和柳宗元等人被任命为监察御史。但是之后他因上奏而被贬，成为连州阳山县令。

韩愈虽然在官场上不得志，但是文学成就却越来越大，有《杂说》《师说》这样流传千古的好文章。韩愈的文章饱含内容和深度，敢于表达别人不敢说的内容。他的文章有的差点招来杀身之祸。韩愈的作品中包含四百多篇散文，他的文学主张是"文道合一"，这一理论也成为唐代古文运动的核心理念。后人还把它解释为"文以载道"，其中的"道"被看成是孔孟之道。

韩愈一生曾四次进入国子监，从博士做到祭酒（相当于国立大学校长），他不断地向青年学者传播他的文学主张，不断地倡导古文运动。经过他的精心培养和扶持，培养出来了一批批的文学新人，这也大大地推动了古文运动的发展。

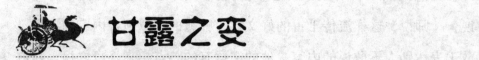

甘露之变

唐宪宗在平定了淮西后，变得十分骄傲，渐渐地他开始信奉神道，祈求长生不老。公元820年，他在吃了金丹后，脾气异常暴躁，很快就暴死于宫中了。

唐宪宗虽然平定了藩镇割据的局面，但他对宦官却十分依赖，因此宦官在宫中的势力非常大，甚至已经超过了皇帝。文宗就是因宦官王守澄的拥立才继位的，虽然文宗表面上对宦官恩宠有加，但在他内心深处却十分痛恨他们。特别是他们身为宦官，竟可以任意拥立皇帝，这种情况让文宗无法忍受。

公元831年（太和五年），文宗一度与宰相宋申锡谋划，想要除去宦官。但是最终事情泄露，宋申锡也因此被贬。但文宗十分不甘，依旧在物色能够帮他整治宦官的人。

三年后，文宗得了一种说不出话的病。王守澄推荐郑注给他看病。郑注用偏方给文宗进行治疗，这种疗法使文宗的病有了好转，于是郑注就被留下做官。文宗虽然憎恨宦官，但却不敢向大臣明说。郑注知道他的心思，不仅常常献计，还推荐了李训。

李训、郑注在朝政上很有自己的见解，而且他们又是王守澄推荐的，不会引人怀疑。他们认为，利用宦官间的矛盾，更容易瓦解他们的势力。后来，李训和郑注利用宦官间的矛盾，铲除了多股宦官势力。

宦官中除了王守澄，还有仇士良。但仇士良长期受王守澄的压制，郁郁不得志，于是他们决定任命仇士良做左神策中尉，把王守澄的权力分掉，这让王守澄十分生气。

李训当宰相后，给了王守澄更高的官阶，却剥夺了他的军权。最终，文宗赐了王守澄毒酒，终于除掉了这个宦官头子。

一天，禁卫军将军韩约启奏，说昨夜左金吾卫仗院内的石榴树上降了甘露。请文宗亲自去观看。文宗便派仇士良等人先去查看甘露，李训趁机调兵遣将。但这时，仇士良等人却挟持了文宗，李训见事情败露，只好出逃，但仍然被抓。在上京师的路上，他说服押送的人，把自己的头送给神策军。这个事件，就是历史上的"甘露之变"。

"甘露之变"后，仇士良掌权，大肆屠杀官员，文宗也在宦官的辖制下于公元840年逝世。

朋党之祸

当唐文宗费尽心机铲除宦官的时候，朝中却出现了"朋党"。所谓"朋党"，就是大臣们为争权夺利所结成的党派。而朝中当时的朋党派别主要被分为两派，一派是以牛僧孺、李宗闵为首的"牛党"，这一派别的人多是通过参加科举考试而进入朝廷当官的，属于寒门学子；另一派则是以李德裕为首的"李党"，这一派别中的人大多属于"官二代"，是贵族学子。两个派别在政治上虽然无很大的分歧，但是为了争权，两个派别的人常常相互争吵，这使得晚唐在政治上呈现出糟糕的局势。

朋党之争可以追溯到唐宪宗时期。公元 808 年，宪宗想要通过考试选拔敢于直言的人才。牛僧孺、李宗闵在考卷中直言批评朝政，主考官看了十分赞赏，极力把他们推荐给宪宗。当时的宰相是李吉甫，他瞧不起科举出身的人，见牛李二人批评他存在的过失，就从中作梗，结果牛李二人不但没有得到提拔，韦贯之等人也受到了牵连，两派从此结怨。

李吉甫死后，李德裕便成了公卿派的首领。他认为他这样的人才，不屑于参加科举考试，更看不起科举出身的官员。

在当时，李德裕和李宗闵名气都很大，都可能当宰相。公元829年，李德裕时任浙西观察使，裴度推荐他担任宰相。但李宗闵在宦官的帮助下成为了宰相。

两党之争不断地持续，唐武宗即位后，李德裕如愿做了宰相。公元843年，在武宗平定刘稹的叛乱中，李德裕功劳很大。李德裕在叛乱平定后上奏武宗，认为刘稹之所以反叛，是因为牛李放虎归山。武宗大怒，就把牛李二人贬到外地去了。

公元846年春，宣宗即位。在他听政的第二天，就把李德裕贬出朝。从此李德裕不断被贬，最后死于上任的途中。牛僧孺虽然位居太子少保，但在公元849年就因病去世。李宗闵也在被贬后死了。

唐代持续了近四十年的"朋党之争"，终于就此结束了，但大唐政权已经进入摇摇欲坠的末期，它还要面对一波又一波的农民起义。

黄巢起义

　　唐代末年，农民起义领袖黄巢写过一首咏菊花的诗，他写这首诗主要是为了表达自己推翻唐王朝统治的志向和决心。唐朝末年，统治者沉迷于寻欢作乐，朝廷统治黑暗，百姓生活十分艰苦，只得四处流亡。很多百姓已经要靠吃草根过活，官吏们却依旧催逼赋税。农民在这样的逼迫下开始奋起反抗，发动起义。

　　公元874年，王仙芝领导千人在长垣起义，自称"天补平均大将军"，他们很快就攻占了曹州和濮州（今山东鄄城北旧城）。附近的农民听闻后纷纷前来参加起义，他的队伍一下子就发展到了几万人。

　　王仙芝和黄巢在山东、河南一带起义，声势不断壮大。朝廷不断地出兵镇压，但是总是打败仗。于是朝廷中有人提议，招降王仙芝。王仙芝一心想要做官，就准备接受招安。黄巢得知后，非常愤怒。他不愿再和王仙芝合作，便自己带领一支队伍，开始独自战斗。

　　黄巢离开后，王仙芝的力量被削弱，他多次向朝廷求降。但是官员们见他已没有什么能耐，就不理他了。不久，王仙芝在战争中被杀，留下的队伍都投奔黄巢去了。

两支军队重新会合后，黄巢被推举为黄王，称"冲天大将军"。黄巢开始设立起义军的初步组织。公元880年，黄巢攻打洛阳，洛阳官员无奈开城投降。黄巢进城后，由于有着严明的纪律要求，洛阳城内一切如旧。

在经历多次战役后，公元881年，黄巢在长安做了皇帝，国号为大齐。长安城从此成为起义军的天下，黄巢也实现了"冲天香阵透长安，满城尽带黄金甲"的愿望。

新政权虽然建立，黄巢所掌控的范围却非常小。唐僖宗在一路逃到成都后，开始召集军队，包围了长安。由于起义军人数多而长安地方小，日子久了，粮食也很快就吃光了。就在起义军面临危机的时刻，黄巢的大将朱温选择了向唐朝投降。

恰巧这时，李克用带领骑兵赶来，骑兵和唐军一同作战，打败了起义军。

黄巢撤出了长安，在逃亡的路上，起义军作战不断失利，最后在泰山狼虎谷，黄巢因兵败，自杀了。

历时十年的农民起义，让唐朝的统治从根本上受到了影响，没多久，唐朝就灭亡了。

朱温叛变

　　朱温是黄巢起义军中的叛徒。他出生在宋州砀山（今属安徽）一个穷苦的教书先生家庭，他从小就没有了父亲，随着母亲到大户人家当用人。那时他不肯好好干活、游手好闲，所以大家都很讨厌他。

　　在发生黄巢起义后，他就参加了起义军，他在战争中表现得尤为勇猛，最后还当上了大将。后来，朱温见长安四周被唐军包围，感到形势危急，就决定向唐军投降。

　　唐僖宗听说朱温投降了，非常高兴，就给他改名朱全忠，希望他能忠于唐朝，任他为河中行营招讨副使。次年封他做了宣武节度使，帮忙镇压起义军。

　　当时，藩镇割据混乱，大大小小的军阀遍地都是。他们互相之间为了争夺地盘，打得不可开交。朱温当了节度使后，有了地盘，有了军队，他便也加入到混战中。很快他就凭借自己的手段，占领了黄河南北的土地，在割据势力中实力逐渐强大起来。随之而来的，他的野心也在不断膨胀。

　　唐朝末期，宦官掌权，朝政乌烟瘴气。唐僖宗死后，唐昭宗继位，联络朱温，想要和他一起除掉宦官，由他做外援。

宦官探听到消息后，抢先发动宫变，囚禁了昭宗，立皇子李裕为皇帝。宰相崔胤（yìn）依恃朱温的外援，联合其他的将领，一同杀死了四个宦官头目，一心想让唐昭宗复位。

但是，朝廷内部仍然存在宦官掌权的情况。崔胤便请朱温前来，除去这些心腹大患。此时的朱温正想自己当皇帝。他看到信后认为机会来了，立即带着兵马前往京城。

朱温在战争中夺回了皇帝，他假借天子的名义发布命令。唐昭宗被朱温胁迫，不得已进封他为梁王，这使得朱温的权势更大了。

朱温想要当皇帝的心情越来越急切。他等不及就想篡夺帝位，于是他让蒋玄晖办理此事。蒋玄晖依据禅让的办法，一步一步地去做。朱温对于他的办事效率十分不满，有人借此挑拨，让朱温认为蒋玄晖有意如此。朱温十分恼火，立即处死了这个心腹。

公元907年，朱温终于逼迫唐昭宗让位给自己，如愿当上了皇帝，建都汴州，国号梁，在历史上记载为后梁。在五代时期，朱温就成了第一个朝代后梁的开创者，史称后梁太祖。统治了近三百年的唐朝，就被这个被赐名"全忠"的朱温消灭了。

五代十国

梁晋相争

公元 908 年，晋王在将死之时，交给自己儿子李存勖（xù）三支箭，并且告诉李存勖他们与后梁有着不共戴天的仇怨，朱温、刘仁恭以及耶律阿保机都是他们的仇人，他要李存勖用这三支箭杀死这三个人。晋王还要求李克宁与张承业辅助李存勖，在两人答应后，晋王便死了。晋王死后，李存勖嗣位，但是李克宁却图谋造反。在张承业的帮助下，李存勖平定了叛乱，稳定了局势。后来，每当李存勖出征的时候，他都会带上父亲交给他的三支箭。

后梁军队趁着李存勖还在服丧期间，围困了潞州，他们认为李存勖不会来救。但是李存勖却带着大军来到了潞州，这是后梁大军始料不及的，晋军大获全胜，连后梁太祖都不得不佩服李存勖。

公元 910 年，后梁太祖指派王景仁为大将，与晋军在柏乡（今属河北）对峙。。李存勖想要快速结束战斗，但受到了周德威的劝阻，李存勖听从了周德威的建议。次年，两军正式开战，最终大败后梁军队。

公元 912 年，后梁太祖亲自带着军队来攻打镇州、定州。后梁太祖带兵渡过黄河，声称有五十万大军。此时，李存勖在幽州、蓟州有事，不能前来。晋忻州刺史李存审驻扎赵州，南方战事便委托给李存审等人，而这时后梁军则到了蓨县（今河北景县南，蓨音 tiáo）。于是，李存审带兵把守下博桥，派人偷偷地抓了很多后梁兵，并且将大部分的后梁兵都杀了，只留下几个断臂的回去报信。然后将士们又扮作后梁兵奇袭后梁大营，打了后梁军一个措手不及。后梁营内大乱，后梁太祖大为震惊，认为自己已经被晋军包围了，便逃走了。

后来，朱友珪发动了政变，夺取了皇位，将后梁太祖杀了。而公元913年，朱友贞又发动政变，杀死了朱友珪，做了皇帝。同年，李存勖攻打幽州，并活捉了刘仁恭。公元922年，李存勖大败契丹，使得耶律阿保机损失惨重，后梁失去了契丹的支持，逐渐衰落。

钱镠自我警醒

唐朝灭亡后，我国的中原地区先后经历了五个朝代：梁、唐、晋、汉、周，在历史上被称为后梁、后唐、后晋、后汉、后周，总称"五代"。同时，在南方和山西地区，先后出现吴、南唐、吴越、楚、闽、南汉、前蜀、后蜀、荆南和北汉，合称"十国"。

十国的统治时间普遍不长，其中统治时间最长的就是吴越，吴越的创建人是钱镠。他出身贫寒，自小喜欢练武。唐朝末年，战乱频发，钱镠凭借一身武艺，跟从董昌作战，参与了叛乱的平定。

由于钱镠在镇压叛乱的战争中，不断立功，很快就被提升为刺史，并逐渐成为当地最大的割据势力之一。唐朝末年，他被先后封为越王、吴王。到后梁时，他已经占据了如今的浙江全省和江苏省的部分地区，公元 907 年封为吴越王。

钱镠在封王后，很是得意。他修建了华丽的王府，每次出门，都极其讲究排场。他的父亲对他这样的做法很不满意。每次听说钱镠要出门，都有意避开。

钱镠无奈，只能步行回家，不用车马，不带随从。他向父亲钱宽询问为什么要对他避而不见。钱宽说，他认为像儿子这样的贵人，敌人必然也很多，害怕会连累全家。钱镠听后，表示一定要记住父亲的嘱咐，开始处处小心谨慎。钱镠十分担心周围国家来攻打，为了不让自己睡得太熟，他命人做了个圆木枕头，起名叫"警枕"。在他睡熟后，只要稍稍一动头，就会从警枕上滑下来，随之惊醒。

钱镠不仅自己小心谨慎，还要求部下也时刻保持警惕。每天夜里巡逻的士兵，如果在墙脚睡着，钱镠只要看到，就会拿铜弹子打过去，打醒睡着的士兵。当士兵知道这铜弹子是钱镠打过来的，就再也不敢打盹儿了。

钱镠在稳固统治后，设法发展农业生产。为了减少和避免水灾，他征发民工，为钱塘江修建海塘，保护附近的农田。他还建立了营田军，专门为发展农业筑堤开河、灌溉农田。由于他十分注重兴修水利，百姓都称钱镠为"海龙王"，以此表达对他的尊重和喜爱。

 辽国建立

朱温在汴州成功夺权的时候，在我国东北辽河上游，依靠游牧为生的契丹族正慢慢地崛起。

契丹的一个叫作"迭剌"的部落，有一位姓耶律、字阿保机的男子。他在不到三十岁时，被人推选为军事首领。之后，他连续征讨周围的弱小部落，选择在西辽河（在内蒙古自治区东部）的南面进行城池的建造。他和唐朝将领李克用结为兄弟，交换衣袍和战马，同时还接受朱温的钱币、珍玩等，以示友好。

公元907年，耶律阿保机成为契丹正式的新首领。他开始重用汉人韩延徽，不断地改革习俗，不断地发展农商，契丹日益强大起来了。

在十多年反反复复的内部斗争中，公元916年，耶律阿保机建立契丹国，称帝。他改革旧制，首先废除了部落联盟的旧制度，借鉴汉人的治理模式，学习汉人的王朝体制，开始使用皇帝称号，自称"天皇帝"。

政权建立后，耶律阿保机还亲自征伐，在战争中连连获胜，攻占

了多个部落。

耶律阿保机不仅重视政治、军事改革，在文化方面，他也有所成就，他创制了契丹文字。公元920年，耶律阿保机首先命人参照汉字创制契丹大字，后来又有了契丹小字。这些文字被契丹使用了近三百年，公元1191年后才逐渐被废弃。

一天，耶律阿保机将亲人和大臣叫到身边，像交代遗言一样，说自己三年后将不在人世，但是还有两件心事：一是讨伐吐谷浑、党项、阻卜等部落；二是消灭渤海国。

在之后的三年里，耶律阿保机完成了自己的心愿。但是，他也病倒了，不久就离开了人世。

这时，人们不禁回想起他三年前说的那番话，如今真的应验了。

耶律阿保机的儿子耶律德光继承了他的皇位。耶律德光于公元927年即位，公元946年，南下灭后晋。次年，耶律德光穿着汉人服装，接受百官的朝贺，并且把国号改为辽，把年号改为大同。但耶律德光只当了几个月的皇帝，就生病去世了。

李存勖一统北方

李存勖

黄巢起义后，唐朝派李克用前去镇压起义军。李克用因镇压起义有功，被任命为河东节度使，后又被封为晋王。他的势力也成为唐朝一股强大的割据势力。

公元884年，李克用战胜了黄巢的起义军，在返回河东途中路过朱温的驻地。朱温十分畏惧李克用的势力，担心他会威胁到自己，想要趁机消灭他。朱温表面上十分客气，把李克用接进驿馆，设宴款待，却暗中在驿馆设下埋伏。夜深后，伏兵杀进馆舍，放火烧房。李克用正呼呼大睡，他的随从抵死相救，熄灭蜡烛，把他藏在床下，用水泼醒李克用并告诉他出事了。幸好天降大雨把火灭了，这才躲过一劫，之后李克用和随从找准时机逃出驿馆，狼狈逃回营地。从此，李克用和朱温就结下深仇，二人经常打仗。

后来朱温灭掉唐朝建立后梁，但李克用仍用唐朝"天祐"年号跟后梁对战。当时的北方，契丹族日渐强大，耶律阿保机统一了各部，建立契丹政权。李克用决定利用契丹的力量，对付朱温。为此，李克用特意派人与耶律阿保机联系，和他结拜为兄弟，约定在当年冬天一起出兵攻打后梁。但是当耶律阿保机看到后梁的实力后，就背弃了盟约，和后梁同仇敌忾。对此，李克用十分生气。

公元908年，李克用在临死前，交给了儿子李存勖报仇用的三支箭，让他杀死刘仁恭、朱温和耶律阿保机。李克用死后，李存勖嗣位。李存勖跟后梁的战争持续了多年，最后于公元923年攻灭后梁，统一北方。同年，他在魏州称帝，国号为唐，不久迁都洛阳，年号"同光"，史称后唐。

李存勖为父亲报了大仇，也得到了天下，但他却不考虑如何治理国家，只贪图享乐。公元926年，魏州兵变，李克用的养子李嗣源趁机夺下汴州。郭从谦因为叔父郭崇韬被李存勖所杀，一直怀恨在心。这时，他也趁机在洛阳挑起叛乱。乱兵势力太大，李存勖不慎中箭身亡。

李存勖死后，李嗣源即位成了皇帝，他就是历史上的后唐明宗。

石敬瑭甘心俯首契丹

在五代时期，后晋的开国皇帝——后晋高祖石敬瑭是个出卖国土、认契丹国主耶律德光为父的"儿皇帝"。石敬瑭是后唐明宗李嗣源的女婿。在后唐明宗去世后，他的养子李从珂篡夺了李从厚的皇位，当了后唐皇帝，李从珂就是后唐末帝。石敬瑭对此很是眼红，他也想做一做皇帝。后唐末帝与石敬瑭一直不和，后唐末帝一直对石敬瑭很忌惮，于是把他派到其他地方做节度使，想削弱他的兵权。石敬瑭对此十分不满，以生病为借口不肯上任，甚至想要乘机反叛，夺取帝位。

这时候，石敬瑭的亲信劝他巴结契丹，由于请求他们派兵帮忙。这个建议非常符合石敬瑭当时的心意，于是石敬瑭决定勾结当时的契丹国君耶律德光，实现自己做皇帝的梦想。石敬瑭利用后唐末帝抢皇位的事大做文章，他上奏要求后唐末帝把帝位还给后唐明宗的亲生儿子。

后唐末帝看了这道奏章后，十分气愤，直接派大将张敬达领兵，前去讨伐石敬瑭。

公元 936 年，张敬达带兵围住了太原。太原被困以后，石敬瑭立刻就写信给耶律德光，表示自己愿意向契丹称臣，并且拜耶律德光为自己的父亲，还答应把雁门关以北诸州作为酬谢割让给契丹。石敬瑭的手下刘知远看到这封信后，劝诫石敬瑭只要向契丹称臣就可以，不需要这么卑微。但是石敬瑭只想着求兵，并不听刘知远的劝告。

耶律德光早就预谋踏入中原，在看到石敬瑭的信后，马上答应了使者，表示自己愿意出兵相救。石敬瑭在耶律德光的帮助下，攻下了洛阳，终于做了中原皇帝，改国号为晋，史称后晋，定都汴州。

石敬瑭在当了七年的"儿皇帝"后病逝。他死后，他的侄儿石重贵即位，而石重贵不肯向契丹称臣。耶律德光见此，决定出兵问罪。由于后晋主将投降，耶律德光俘虏了石重贵，后晋灭亡。

公元 947 年，耶律德光自称大辽皇帝，改国号为辽。但在这一年，因为人民起义不断，耶律德光被迫北撤，他也在撤退途中病死了。

后汉隐帝杀权臣

后晋权臣刘知远在太原称帝，然后占领汴州，建立后汉王朝，史称后汉高祖。后汉对百姓很苛刻，百姓生活困苦。苏逢吉是后汉的宰相，他要求后汉高祖批准不仅盗贼本人要受死，其全族、保人及邻居也要处死。这个建议遭到众大臣的反对，但是苏逢吉却只删除了全族两个字，就又将奏本上交了。

后来刘知远要死的时候，安排苏逢吉、史弘肇及杨邠辅助自己的儿子刘承祐。刘知远死后，刘承祐就继位了，他就是后汉隐帝。刘承祐继位后，托孤大臣就掌握了实权。史弘肇尤其专横，在朝中也得罪了不少人。郭威当时为邺城留守（留守为古官名），史弘肇支持郭威，并提议让郭威兼任其他重要的职务。宰相苏逢吉对此提出了异议，然而，史弘肇很坚持，后汉隐帝不得已就同意了。在郭威上任的时候，史弘肇还对郭威说读书人没用之类的话，这使得苏逢吉很不高兴。

一次，后汉隐帝在欣赏完歌舞后，要赏赐表演歌舞的人，但是史弘肇却将赏赐的东西都收回来了，认为他们没有资格拿赏赐，这使得后汉隐帝更加不高兴。后汉隐帝的舅舅李业也对史弘肇渐生不满，于是他就鼓动后汉隐帝杀了史弘肇。李太后知道这件事后，认为这样做很危险，想要和苏宰相商议之后再作定夺。但是后汉隐帝没有听李太后的话。第二天，史弘肇、王章及杨邠在上朝的时候，就被后汉隐帝安排的兵士斩杀了。这件事让众大臣很惊讶。

后汉隐帝向众大臣解释他这样做的原因，并且表示不会连累到其他的大臣。苏逢吉听说了这件事后，也很惊讶，虽然他与史弘肇不和，但是也不禁为他惋惜。郭威与史弘肇关系很好，但是郭威人不在京城，所以，后汉隐帝只能够杀了郭威的家人。郭威知道这件事后，十分悲愤。公元950年，郭威发兵夺取了汴州。后汉隐帝与苏逢吉逃跑了，但是苏逢吉在逃跑的途中被乱军杀死，后汉隐帝最终被盗贼杀死。

公元951年，郭威在汴州自立为王，国号为周，史称后周，郭威即为后周太祖。

后周世宗亲征

公元 951 年，郭威在部下的拥戴下做了皇帝。他依旧把汴州定为国都，国号改为周，这就是历史上的后周，而他成为了后周太祖。

由于郭威是贫苦家庭出身，所以他在位期间，十分体恤百姓的疾苦，切实做了很多有利于百姓的事情。他废除了后汉的苛捐杂税，还废除了残酷刑法，他提倡节俭，对贪官严惩不贷。在他的统治之下，唐末以来非常混乱的北方社会渐渐安定下来。公元 954 年，郭威病逝，其养子柴荣继承了皇位，他就是后周的第二位皇帝后周世宗。

北汉国主刘旻在收到后周太祖病逝的消息后，认为到了攻打后周的最佳时机，于是勾结辽国出兵。刘旻亲自领兵出征，辽国的大将杨衮也带领众多骑兵，前来助阵。

后周世宗收到消息后，决定亲自迎战。于是后周世宗率领大军，日夜赶路，很快到达高平。面对北汉与辽国的军队，后周的人马不及对方多，将士们十分害怕。面对这一切，后周世宗却十分冷静，他把精锐部队安排在中间，又在左右两边各安排一支部队，自己骑马亲自督战。刘旻看到后周人马少，便开始扬扬得意，不听辽国大将杨衮的劝告。

双方交战后不久，后周的将领樊爱能、何徽就带领骑兵临阵脱逃。后周世宗见此形势，立刻冲上前去，亲自领兵作战，将士们见皇帝御驾亲征，士气高涨，他们杀死了北汉将领张元徽，最终大败北汉军。杨衮见形势如此，不敢出兵营救，加上他十分不认同刘旻之前的做法，于是率领自己的军队回辽国了。

当天晚上，后周的后续部队也赶到了。后周世宗有了这支生力军，就继续发动进攻。刘旻最后骑着辽国送给他的一匹黄马，狼狈奔逃。路上，他又饥又饿，但是由于害怕追兵，只能日夜奔跑，最终逃回太原。后周世宗在得胜后，赏罚分明，对临阵脱逃的将领给予惩处，然后重赏有功之士。随后他先后又攻下了多个地区。当他打算带兵攻打辽国幽州时，得了重病，无奈撤兵回到汴州。公元959年，三十九岁的后周世宗在汴州去世。

后周世宗死后，他的儿子——年仅七岁的柴宗训继承了皇位，他就是后周恭帝。

陈桥兵变

后周世宗执政期间，其手下有个叫赵匡胤的大将。他跟随后周世宗南征北战，并立下了赫赫战功。后周世宗因为赵匡胤所立战功较多，十分信任他，就封他为殿前都点检，给予他后周军队掌控权。

五代时期，武将夺皇位的事时常发生。赵匡胤见后周世宗壮年就死了，而新帝年幼无知，于是就谋划如何夺取皇位。

公元 960 年春节，正月初一，在后周的文武官员向后周恭帝贺新年时，赵匡胤指使河北镇、定二州派人谎报军情，谎称辽国和北汉联合，出兵南侵，形势十分紧急。

宋太祖

在没有时间查证情报真实性的情况下，后周恭帝命赵匡胤带领大军，北上出战。军队来到汴州的陈桥驿（今河南封丘东南陈桥镇），暂时驻扎了下来。当天晚上，将士中有人提议推选殿前都点检赵匡胤做天子，得到大家的支持。

赵匡义和赵普知道此事后，十分高兴，连夜派人回汴州，给镇守京城的禁军将领石守信和王审琦送信，要他们开城门迎接赵匡胤进城，并劝后周恭帝禅位。

第二天一早，赵匡胤在酒醉刚醒的情况下，走出营帐，诸将便把皇帝登基穿的黄袍给他披上，并且请他回汴州。

在众人的请求之下，一开始赵匡胤假意推让，但最终还是同意了。他率领大军回到汴州，并且要求手下，不许烧杀抢夺百姓的财产。

历经一番筹谋，终于，赵匡胤在崇元殿集结百官，举行了称帝的仪式。一位大臣宣读了事先已经准备好的、以后周恭帝的名义下的诏书，主要内容是，把皇位禅让给赵匡胤。赵匡胤在北面拜受了诏书，然后升殿，正式登上了皇位。

因为赵匡胤曾经担任过宋州归德军节度使，所以，他定国号为宋，在历史上被称为北宋，定都开封，而赵匡胤即是北宋的开国皇帝宋太祖。他发动的这次政变，就是历史上十分出名的"陈桥兵变"。

两宋时期

杯酒释兵权

宋太祖赵匡胤在登上皇位后，对有功的大臣都进行了封赏。其中慕容延钊、石守信和韩令坤等人封赏最多。慕容延钊率领军队镇守真定（今河北正定南），任殿前都点检。另外，石、韩二人为禁军统领。宋太祖在执政半年后，带兵平定了节度使的叛乱，北宋得以安定。大臣赵普看到宋太祖对功臣们的过度封赏，担心他们拥兵自重，多次劝谏宋太祖，但是宋太祖不以为意。直到有一次赵普对宋太祖说怕一些将士一时贪图富贵，拥有功之臣为君，那么后果不堪设想。宋太祖这才了解到事情的严重性。

一次，宋太祖召见赵普议事，说自己想要做一个让国家没有战乱的皇帝，想让百姓安居乐业，让赵普提一些建议。赵普就把自己早已斟酌好的建议说了出来。他说："现如今，战乱不断的主要原因就是藩镇的权力过大，君臣之间出现了君弱臣强的态势，只有夺了大臣的军权，才能……"还没等赵普说完，宋太祖已经了然于心了。

公元961年，宋太祖赵匡胤夺得慕容延钊和韩令坤等人的军权，并撤销了殿前都点检的职位。而石守信因军功过大，宋太祖并没有对其进行撤权。这一年的七月，宋太祖邀请石守信等人一起饮酒，趁着酒兴，宋太祖故意表现得非常忧愁，他说他很感激这些功臣多年的辅佐和帮助，否则自己无法让百姓过上安定的生活。听到这些话后，石守信等将领都觉得奇怪，但马上了解了宋太祖的话外音，他们以为宋太祖认为他们对皇帝有异心，于是纷纷下跪表忠心。宋太祖又对将领们说："人活一世，拥有金银财宝可以免受贫穷，如果你们交出兵权，朕赏给你们足够的金银珠宝，让你们拥有更多的田地和豪宅，从此君臣不再猜忌，可好？"石守信等人瞬间明白，宋太祖是想让他们交出兵权。第二天早朝，大家都称病，纷纷要求解除自己的兵权，宋太祖一一批准。公元 969 年，宋太祖又使用了同样的办法，罢免了一大批节度使，这就是历史上有名的"杯酒释兵权"。

从此，皇帝直接掌握军权，士兵经常换防，将领不再拥兵自重，这大大降低了内乱发生的可能性。

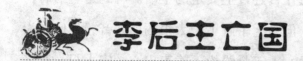 李后主亡国

宋朝建立初期，原先洛阳的一些地方割据势力依然存在。北方有北汉，南方有南唐、吴越及南汉等国。宋太祖在平定内乱之后，就想要消灭这些割据势力。但是他在先南后北还是先北后南的问题上，却一直犹豫不定。

在一个大雪纷飞的夜晚，宋太祖赵匡胤不顾天气恶劣，去大臣赵普的家中商议国事。赵普特意令夫人烧红炭火，在火上烧肉，来招待宋太祖。宋太祖故意试探赵普说："想要消灭割据势力，首先出兵北汉如何？"赵普在分析了敌我形势后，认为应该首先发兵南方，以免受辽国的威胁。先南后北，北汉才能够轻而易举地被歼灭。经过商议，宋太祖最终确立先南后北的战略。

不久之后，荆南、后蜀等国都被宋太祖用武力平定了，只有南唐和吴越依旧存在。虽然南唐是大国，但国力不强。宋朝刚建立时，南唐国主唐元宗就屈服于宋朝。唐元宗死后，其儿子李煜（yù）继位，他就是南唐后主。李后主是我国历史上有名的词人。李煜虽然有才，但是却不愿过问政事。他继位之后，对宋朝也是同样的屈服，不

敢得罪。每年供奉大量的金银财宝给宋朝，甚至还自动削去南唐的国号以表忠心。尽管李后主长期委曲求全，但是也无济于事。

公元974年，宋太祖命人制造战船，攻打南唐。在战争中，有一个叫樊若水的人给宋军出谋划策，让宋军用船和竹筏搭桥渡江。李后主身边的大臣认为在江上搭桥是不可能的事，就没当回事。直到有一天李后主登城之后见到宋军旌旗遍野，才知道战事来临，急忙派徐铉去与宋交涉。

徐铉到了开封，一进朝堂便苦苦哀求宋太祖，希望他退兵。他说，李后主多年来像侍奉父亲一样侍奉宋朝，并没有什么过失，徐铉称宋太祖师出无名。宋太祖反问他说："像父子为何分成两家？"对此，徐铉哑口无言。后来，李后主调集了十五万救援大军准备火烧宋军，没想到天刮北风，大火反烧向自己，全军覆没。李后主投降，成为亡国奴。在被囚禁期间，他写下了"问君能有几多愁？恰似一江春水向东流"的著名词句。

赵普失势

宋太祖即位时，赵普任宰相。由于赵普没有完成学业，受到了很多大臣的排挤和讽刺。因此，在任职期间，赵普往往都是默不作声的。宋太祖对读书人十分重视，一天，宋太祖来到赵普的家中，告诉赵普要增长自己的学识，于是，赵普从此就关上房门，认真读书。在政事的处理上也越来越得心应手。

赵普的性格比较耿直，什么事都直言不讳。一次，赵普给宋太祖推荐一个做官的人选，但是宋太祖没有同意。第二天，赵普继续推荐，这下惹怒了宋太祖。但是，赵普并没有因此而放弃，依然坚持不懈地推荐，最终宋太祖答应了赵普的请求。宋太祖明知道赵普一切都是为大宋着想，但在生气的时候，脾气不受自己控制。还有一次，宋太祖和赵普为是否应该奖赏一个官员的事情而发生了争执。赵普认为此人应该得到封赏，这样才能够拉拢人心。但是，宋太祖则不以为然。后来，赵普还是不断坚持，最终宋太祖同意了他的意见。

一天，宋太祖没有让人事先通报就进入宰相府。正巧遇到吴越王派人给赵普送信，还带来了很多黄金。宋太祖最讨厌官员们接受贿赂，于是十分生气。事实上，赵普并不知晓吴越王给自己送黄金，也不知道信上写的什么，于是就跪在宋太祖的面前说明原委。但是，宋太祖并不相信他。从此以后，赵普再也得不到宋太祖的信任。还有一次，赵普为了修缮自己的府邸，运来了很多木料。一些官员受利益的驱使，偷取大木材，冒称赵普在京师附近鬻（yù）卖。这件事被奸臣得知，告诉了宋太祖，宋太祖认为赵普胆大包天，觉得这些违法的事都是赵普指使的。

几年之后，赵普明知道宰辅之子女不能通婚的规定，还不顾忌讳让枢密使的女儿做自己的儿媳。宋太祖再也无法忍受赵普的行为，决定要治赵普的罪。虽然朝廷上的大臣都为赵普说情，但是宋太祖还是革去了赵普的官职，让他去做节度使了。

金匮之盟

公元 976 年 10 月的一个雪夜，宋太祖召见自己的弟弟赵光义（原名赵匡义，为避太祖讳而改名赵光义）。赵光义入宫之后，宋太祖屏退了左右侍从，和弟弟畅饮。大殿外面的宫女太监们隐约看到了赵光义像在躲避什么，还听到宋太祖说了"好为之"这样的话。两人痛饮之后，赵光义离去。第二天凌晨，宫里传来宋太祖去世的消息。在慌忙之中，皇后让宦官王继恩去找宋太祖的四子赵德芳。谁料，王继恩却去了赵光义的府上，与他商量着即位的事。但是，赵光义有些犹豫，总觉得不妥，应该和家人商量。

皇后得知王继恩没有把赵德芳找来，却找来了赵光义，心灰意冷。赵光义承诺自己即位后也会保证皇后衣食无忧。于是赵光义即位，史称宋太宗。宋太宗即位打破了皇位父传子的传统。但由于宋太祖死前曾和宋太宗喝酒聊天，而且宋太祖死前并没有任何生病的症状，所以宋太宗的即位引发了人们的争议。有人说宋太祖是被宋太宗谋害致死的。

太平兴国年间，宋太宗将原宰相赵普请回了京城，并且封为太子太保。宋太宗想让赵普替他在群臣面前解释一下，赵普答应了。不久之后，赵普拿出了一个金匮，说是杜太后的遗诏，诏书中写道，宋太祖死后要将皇位传给弟弟赵光义。上面还有宋太祖的玉玺印。群臣看到之后都相信了，不再怀疑。

原来，杜太后在病危的时候，为了大宋的长治久安，问宋太祖："你可知自己是如何得到王位的？"宋太祖说依靠祖宗的福荫。杜太后反驳说，如果没有后周世宗传位幼子，天下怎么会是你的？于是，杜太后在遗诏中写明，如果宋太祖去世，要将皇位传给二弟赵光义，赵光义去世后要将皇位传给三弟赵廷美。只有赵廷美死后才能将皇位传给宋太祖的儿子赵德芳。遗诏被大臣赵普记录了下来。宋太祖被杜太后的话感动了，并且承诺一定会按照杜太后的旨意去执行。这道遗诏被放到一个金匮当中，这就是"金匮之盟"。

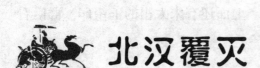

北汉覆灭

宋太宗即位之后，南方诸国都纷纷投降了，只剩下北方的北汉还没有归顺。北汉的国君叫作刘继元，他为人凶狠残暴，经常猜忌身边的人。因为他本姓何，并不姓刘，所以在登基之后不久，他就将刘氏子孙都幽禁起来。北汉的臣子们对国君的这一暴行十分愤怒。

公元 979 年，宋太宗亲征北汉，任命潘美为北路督招讨制置使，郭进为石岭关都部署，他们在行军的路上对辽军和汉军进行了阻截。而在这时，北汉朝廷中的国军刘继元正在吃喝玩乐，他听说宋军马上兵临城下，他急忙求助于辽军。

辽率军支援北汉，不料在途中遇到宋朝的大军，于是辽军停滞不前。辽军的将领耶律敌烈以为进入白马岭之后就会是安全的，没想到宋军就在此地伏击。战场上宋军的气势惊人，耶律敌烈的马被刺，郭进趁机斩杀了耶律敌烈，辽军见此情景全部溃逃。辽军大败之后，郭进迅速和宋太宗会和，共同攻打太原。北汉的大臣范超、守将郭万超等人都被宋军杀死。刘继元投降，答应归顺宋朝。但是，在投降仪式结束的时候，北汉名将刘继业突然反悔，决心要与宋军决一死战。他说："即使皇帝投降了，我也不投降"。刘继业就是民间故事中的杨继业，他对北汉忠心不改，而且屡立战功。

宋太宗认为刘继业是一个难得的人才，于是想劝他归顺宋朝。宋太宗派遣使者去劝说刘继业，刘继业分析了当前的局势：北汉军队不如宋朝军队多，再进行战争的话受苦的还是百姓。于是，刘继业从大局出发，归顺了宋朝。宋太宗得知刘继业归顺的消息后欣喜万分，为他赐名杨业，并授予官职。后人都称他为"老令公"。宋太宗为了安抚百姓，并没有将北汉的暴君刘继元杀掉，而是希望他能够改过自新。

宋太宗攻灭北汉后，十国全部灭亡，宋朝也实现了基本的统一。

高梁河之战

公元 979 年，宋太宗亲征北上攻敌，直达涿州。辽军由于猝不及防，节节败退。宋太宗占领涿州之后，开始全面进攻幽州（今北京市南）。但辽军一边从京城调集援兵，一边加强防守。宋太宗强攻了幽州半个月都没有成功，不免心急如焚。

辽国的皇帝辽景宗因为长期患病，已经卧床不起，因此朝廷政事主要是由萧皇后执掌。萧皇后在用兵上却犹豫不决，此时耶律休哥主动请缨，表示胜券在握。于是，然而萧皇后就命他带领十万大军，直奔幽州。辽军将领耶律沙首先向宋军进攻，宋辽两军在高梁河（今北京西直门外）大战。辽军连战连败，伤亡惨重。就在此时，耶律休哥的援军及时赶到。耶律休哥命人火烧宋军的侧翼。宋军发现营地里到处都是火，惊恐万分。然后，耶律休哥又快速找了援军。援军到后，辽军兵分两路夹击宋军。宋军由于兵马乏力，腹背受敌，节节败退，士兵们已经濒临溃散。辽军的首领认为这是攻打大宋军队的最佳时机，于是就调兵遣将，向宋军进攻。

宋太宗看到这一局面，心中慌乱。周围都是辽兵，士兵们杀气腾腾，宋军可谓是四面楚歌。宋太宗急忙命令将士们进行突围，但是，辽军的野心越来越大，他们的最终目的就是消灭宋军。宋太宗率军拼命杀出了一条路，才得以逃脱。他逃到了涿州，但是没过多久，他得到密报，说耶律休哥已经打来，于是他又得继续逃亡。宋太宗一路都混在乱军当中向南逃窜，只有在看不见辽兵的时候才可以放松一下。这就是著名的高粱河之战，在这一战役中，宋朝的军队不仅损失了不计其数的粮食，还浪费了很多金银财帛。

宋太宗出逃的那段时间，朝廷中想要拥立赵德昭为皇帝。宋太宗回来之后，十分震怒。因为受到宋太宗训斥，赵德昭自杀死了。后来，宋太宗看到攻下幽州的难度较大，就暂时放弃了。他将主要的精力放到了处理朝廷内政上。

雍熙北伐

高粱河之战结束之后，宋朝的边境就不再安宁。辽军常常作乱，烧杀抢掠，无恶不作。宋朝任命杨业为刺史，防守在雁门关。

公元980年，辽景宗派遣了数十万军队攻打雁门关。但是，杨业的兵力远远不足，如果硬拼必将损失惨重，于是，他让大部分的兵马待在城中。自己带领一支精锐部队出关，偷袭辽兵。

这次的偷袭，辽军受挫，顿时溃乱。辽军士兵们仓皇逃跑，杨业带兵紧追，辽将萧多罗被杀死。通过这次雁门关战役，辽军对杨业十分惧怕。从这以后，人们叫杨业为"杨无敌"。

由于杨业军功赫赫，朝中的很多大臣对他都非常嫉妒，常常上疏诬陷杨业。但是，这些奏章都被皇上封了起来，不予理睬。杨业知道此事后对皇帝和大宋朝廷更加忠心。

辽景宗去世之后，其儿子耶律隆绪继位，即辽圣宗。辽圣宗是一个只有十二岁的小孩，对朝政还不懂。朝廷中的大事小情还是由萧太后处理。

公元986年，宋太宗派兵攻打辽国，由曹彬、田重进、潘美和杨业率领军队，这一军事行动被后人们称为"雍熙北伐"。两军交战后，西路军节节胜利，在占领了朔州和寰州之后，将其百姓都安置在代州。没想到，在调兵遣将之时，辽军突然来攻，夺回了寰州和应州。杨业分析了当时的情况，觉得军情实在紧急，就和潘美提议进行防守。但是，这一建议却受到了监军王侁（shēn）的反驳。他认为杨业贪生怕死。听到这样的讽刺之后，杨业说："我不是怕死，我是不想让宋朝的将士们白白送死。"于是，杨业率兵御敌。这次出兵，杨业本来和潘美约定在陈家谷会和，没想到，潘美却因为惧怕辽军事先逃跑了。此次交战，杨业率领的军队惨败。杨业被俘之后，滴水不进，只求速死，几天之后便死在了狱中。

虽然宋太宗惩罚了潘美等人，但是也无济于事。杨业因忠勇善战，受到人们的尊敬。

王小波起义

　　杨业为国牺牲之后，宋朝的蜀地出现许多大小的起义。为此，宋太宗整日都惶恐不安，对辽国的攻打只能搁置了。蜀地是一个富饶的地方，不仅物产丰富，人们的生活也十分富足。由于蜀地和中原的距离较远，因此，战争的次数也非常少。宋朝占领蜀地之后，官员们开始对农民横征暴敛，蜀地的农民对朝廷大失所望。

　　王小波是青城县（今四川都江堰市东南）的一个农民，他种植茶叶为生。面对官府的残暴统治，他决定带领农民进行起义。不久，王小波就召集了数百个农民。这支起义军起义的主要目的是希望贫富平均，于是推倒官府成为他们的动力。很快，起义军的规模越来越大，也打了很多胜仗。

　　彭山县（今四川眉山市）贪官当道，这里的县令叫齐元振，在皇帝体察民情的时候，他将搜刮的民脂民膏都藏了起来，皇帝以为他清廉，还大大地奖赏了他。彭山县是王小波的起义军要攻克的地方，起义军在攻破彭山县后，齐元振被处死，他家中的财产都平均分给了当地的农民。之后，王小波的军队又来到了蜀州（今四川崇州市）、邛州（qióng 今四川邛崃市）以及眉州（今四川眉山市）等地。每到一个地方，王小波都会将地主和官僚的土地、财产分给贫困的农民。

在起义军北上的时候，西川都巡检使张玘（qǐ）趁王小波不备，放箭射中了王小波的额头。王小波不顾满脸鲜血，继续进攻，坚持着用刀砍死了王玘。起义军趁机占领了江原（今四川崇州市东南）地区，但是，由于王小波伤势过重，不久就死了。之后，起义军又推举王小波的内弟李顺为领袖，继续攻城。起义军的人数不断增加，最终，李顺在成都建立了大蜀政权。

宋太宗得知李顺建立了大蜀政权之后，派人去剿灭李顺的军队。宋太宗任命王继恩为主将，由于担心王继恩兵力不足，又派了一支军队给他。朝廷攻打成都的时候，起义军正在攻打梓州，成都所留人马不足，最终李顺的士兵全部阵亡，成都沦陷。

李顺深得民心，人们不相信他会战死，一直都认为他逃跑了。朝廷对这件事耿耿于怀，直到多年后在广州抓住一个老头，朝廷认为他就是李顺，于是将其杀死。

吕蒙正忠直刚正

　　吕蒙正是北宋时期著名的宰相，他为人宽厚仁德，对上敢于直言进谏，对下和善、清廉正直，受到宋太宗的赏识与重用。

　　吕蒙正从小就是个孤儿，四处流浪，沿街乞讨，但是却喜欢读书。有一次，吕蒙正来到一个寺院，希望寺院能够借给自己一个书房，老方丈答应了他的请求。他在寺院中生活了很多年，每天都听着敲钟的声音来安排自己的作息，因此生活非常有规律。钟声响起，吕蒙正和寺院的其他弟子一样去饭堂打饭。但是，有很多弟子看不起他，在饭后才去敲钟，以至于吕蒙正去打饭时，饭菜都已经凉了。

　　后来，吕蒙正高中了状元，但是对之前在寺院里发生的不好的事情，并没有放在心上，反而很感激寺院对他的收留。同时，他还拿出自己的钱来修缮寺院。宋太宗非常重视吕蒙正，让他做参知政事（即宰相）。一天上朝之前，有个人隔着帘子羞辱吕蒙正，说他何德何能做到参知政事这一职位。很多人都为吕蒙正抱不平，但是，他自己却十分淡定，他不想知道说这话的人是谁，因为那样会让他很痛苦。于是，很多大臣都对吕蒙正另眼相看。

　　吕蒙正还能够在宋太宗面前举荐自己的敌人，只要这个人确实有才能。他认为，自己作为宰相，有责任向皇帝推荐可用之才，不能因为私人恩怨胡作非为。吕蒙正严于律己，为官清廉，从来不收别人的贿赂，刚正不阿，而且，吕蒙正也从来不为了自己的私欲而去讨好皇帝，其他的一些大臣时不时就会称赞皇上的英明神武，吕蒙正从来不当面夸赞皇帝，却时刻为宋朝的百姓着想，即使是在皇帝十分高兴的时候，吕蒙正也会向皇帝进言百姓所面临的疾苦。

　　宋太宗是一个明君，他不会因为吕蒙正的忠言而大发雷霆，也不会因为其他大臣的称赞而有所偏袒。在处理国家大事上，宋太宗十分愿意听吕蒙正的意见，因为多年来，吕蒙正的宽厚仁德和刚正不阿是出了名的。

吕端大事不糊涂

宋太宗继位之后，想要重用吕端，但是却遭到了群臣的反对，因为大家都知道吕端有些糊涂。

吕端的糊涂主要表现在以下几个方面：第一，吕端对家庭关心很少。他的妻子告诉他家中马上就没有下锅的粮食了，他听到之后不紧不慢地说："等吃完了再说也来得及。"而且，吕端从来不利用自己的职位之便，为自己的亲朋好友谋得官职。为此，他的亲友们都对吕端有很多怨言。第二，吕端从来都不关心官场上的沉浮。朝廷贬他官的时候，他从不抱怨，仍旧安分守己。朝廷升他官的时候，他也不表现出喜悦。宰相赵普曾经向宋太宗推荐吕端这个人。后来，宋太宗任命吕端为宰相。

当时，党项族首领经常率军侵扰大宋的边境，严重威胁到了边境的安定。一次，宋朝的将领虏获了党项族首领李继迁的母亲，宋太宗想杀掉她示威。但是，这一举动遭到了吕端的强烈反对，他对宋太宗说："如果杀掉他的母亲，他不但不能臣服，反而会变本加厉地侵扰大宋边境，和大宋结为仇敌，以后就更不好对付了。"宋太宗觉得这话有理，就问应该如何处置李继迁的母亲。吕端说："将李继迁的母亲掌握在大宋的手中，就算是李继迁不投降，也不会轻举妄动。"

多年之后，李继迁的儿子李德明，念及当年宋朝优待自己的祖母，向宋朝称臣。

宋太宗死后，他的三儿子赵恒继承了皇位。但是，李皇后却有意要改立宋太宗的疯儿子元佐为君，妄图把持朝政。于是李皇后就召吕端来商议此事。但是，吕端并没有同意李皇后的做法，他还是主张要按照先皇的遗愿让太子赵恒为皇帝。据说在皇帝登基举行朝拜礼的时候，赵恒垂帘坐在大殿上，众臣朝拜的时候，唯有吕端不拜，他要先确认皇位上坐的是太子再进行朝拜。于是，李皇后命人将珠帘打开，吕端仔细确认了之后，才进行朝拜。赵恒就是宋朝第三位皇帝，史称宋真宗。

引《论语》治国

宋太祖即位时，赵普立下了汗马功劳。他不仅帮助宋太祖平定战乱，还积极为国家大事出谋划策。因此，宋太祖让赵普做了宋朝的宰相，大事小情都与他商量。

宋太祖对学识渊博的大臣都非常赏识。北宋初年，赵普等人想要帮助宋太祖把年号换成一个历朝历代都没有使用过的，于是就用了"乾德"。在乾德三年，也就是公元965年，宋太祖偶然发现后蜀宫女所用铜镜背面有"乾德四年铸"的字样，觉得很奇怪。第二天就在朝廷上询问各个大臣，但是多数人都答不上来。只有一个饱读诗书，学识渊博的翰林学士解释说："'乾德'这一年号蜀主曾经使用过。"通过这件事，宋太祖认为能成大器者必然是读书人。

赵普由于出身低微，读书甚少，因此，宋太祖常常让他多读些书。后来，赵普每天都紧紧地关上自己的房门，打开书箱拿出书来读。通过读书，赵普在处理一些国家大事上更加自如。在赵普去世后，他的家人把他的书箱打开，发现就只有一部《论语》。因此，很多人都传：赵普半部《论语》治天下。

赵普由于为人耿直，被广受赞誉。他曾经多次推荐一位官员给宋太祖，却被宋太祖一次次拒绝。但是，他没有放弃，仍然坚持推荐，即使宋太祖将他的奏折撕碎，他也要捡起来重新粘好，继续上奏，直到宋太祖任用为止。还有一次，宋太祖由于对某一个官员非常讨厌，这一官员立了大功也没有封赏他。赵普就几次三番给宋太祖讲奖惩分明的道理，直到宋太祖明白为止。

久而久之，赵普的权力越来越大，给他送礼的人也越来越多。有一次，吴越的使者给赵普送了一些海产，其实里面都是金块。赵普并没有接受的意思，但是恰巧这个时候宋太祖来到赵普的家，看到了使者送来的东西，对赵普的信任度大大降低了。这件事之后，还有很多人举报赵普私自购买木材，以及说他包庇一些不法的官员。最终，宋太祖罢免了赵普的宰相职位。

王旦举荐寇準

宋真宗继位后，王旦被任命为参知政事。王旦是一个心胸宽广的人，遇到什么事都不记仇。就算是别人和他故意开玩笑，他也不会因为了一点小事记仇，反而会用一些巧妙的方法来化解误会。

当时，寇準正担任着枢密使之职。寇準本人自命清高，对一些有才之人十分妒忌，其中就有王旦，寇準经常在皇帝的面前说王旦的坏话。有一次，中书省发到枢密院的文章的格式出现了错误，寇準就向宋真宗禀报，真宗很生气，批评了王旦。王旦虚心接受了批评，并且到枢密院给寇準道歉，还保证以后一定会好好地监督中书省的官吏们，不再出现类似的错误。不久之后，枢密院传到中书省的公文中也出现了同样的错误，官吏看到后打算呈报皇帝，但是王旦却命人将公文退回到枢密院，并没有张扬。寇準得知此事之后十分惭愧，特意去拜谢王旦，王旦只是微笑没有说什么。

王旦在宋真宗面前总是夸赞寇準的聪明机智和胆识过人，宋真宗被王旦的肚量所折服，说："他经常在我面前说你的短处，而你却一直极力称赞他的长处，这就是宰相肚里能撑船吧。"王旦说："现在很多大臣都趋炎附势，只有寇準能够严正刚直，这就是我尊敬他并且举荐他的原因。"

后来寇準被人陷害丢了官，王旦就在真宗面前极力举荐他，终于，宋真宗让寇準去做武胜军节度使、同平章事。寇準拜谢皇恩，皇帝告诉他这都是王旦的功劳。寇準终于认识到，自己的胸怀远不如王旦的胸怀宽广。

后来，王旦得了重病，卧床不起。宋真宗来看他，并问他谁来继承相位的事。王旦说："寇準上任之后，政绩斐然，是不可多得的宰相之才。"在生命的最后时刻，王旦还积极推荐寇準做宰相，劝诫皇帝不能听信朝堂上小人的谗言，要以国事为重，选贤举能。他认为寇準是对江山社稷有功之臣，而且才华出众，让他做宰相必然能够助皇帝的一臂之力。于是，宋真宗采纳了王旦的建议，让寇準做了宰相。

寇準抗辽

公元 1004 年，辽军南下，准备攻打宋朝。敌人来势凶猛，声势浩大，宋真宗召集大臣们商议对策。一些大臣说这次辽军来得突然，而且兵力强盛，皇帝应该将都城迁到金陵（今南京市），暂时避其锋芒。也有一些大臣认为，就算要迁都，也应该迁到成都，那个地方易守难攻。但宰相寇準力请宋真宗亲征，他说："如果皇帝能够御驾亲征，不出几天必能打退敌军。"宋真宗半信半疑，准备回宫考虑。寇準连忙拦住宋真宗，对他说："战事瞬息万变，如果皇帝回宫思考，恐怕会耽误了时机。敌军来势凶猛，如果皇帝能够亲自带兵杀敌，我军士气必然大振。"

可是，宋真宗仍然想要迁都。寇準非常生气，内心担忧大宋江山。最后，在寇準的百般劝说之下，宋真宗决定亲征。

宋真宗和寇準带兵奔向澶州（今河南濮阳），路上接到战报，辽军再次大胜。这时，宋真宗率军杀敌的决心有些动摇了，还是想迁都。后来，寇準将战斗指挥官高琼领到宋真宗的营帐中，高琼向宋真宗说了迁都的种种弊端。其中的一个弊端就是将士们的家眷都在开封，如果南迁，不仅会削弱将士们御敌的决心，还会给敌军可趁之机。于是，宋真宗决心抵抗辽军，并连夜赶往澶州。将士们得知宋真宗御驾亲征，士气大涨。

这时候，辽军已经三面围住了澶州。宋军在关键的地方设下弩箭，辽军主将萧挞凛中箭丧了命。辽军主将一死，萧太后又痛惜又害怕，于是派使者到宋朝行营议和，要宋朝割让土地。宋真宗拒绝割让任何宋朝的土地给辽国，但表示如果辽军愿意撤军，两国议和之后，大宋每年除了会给辽国一定的白银和绢帛，还会称萧太后为叔母，称辽圣宗为弟弟。这样，辽军撤退了。

很明显，大宋是委曲求全，屈膝求和，大宋为此付出了很大的代价。但是，此次议和让辽国暂时放弃攻打宋朝，也算是值得了。此后，宋和辽之间维持了将近一百年的和平。

澶渊之盟

　　自公元 999 年起，辽国军队一直在宋朝的边境蠢蠢欲动。宋军将领杨延昭（即杨六郎）等人率军抵抗。但是由于辽国军队战术高超，而且战斗方法灵活多变，宋朝军队的压力很大。在这种情况下，北宋和辽国签订了一个和约——"澶渊之盟"。对于这一和约，历史上争论不休，褒贬不一。

　　公元 1004 年，辽国举兵攻宋，由萧太后亲自率领军队。萧太后虽是一介女流，但却是个风云人物。她是辽国的实际掌权人，在宋朝也有很高的名气。一听说萧太后来了，宋朝的大臣和将士们都有些胆怯。宰相寇準劝谏宋真宗亲征，但是大敌当前，有些大臣却有着自己的如意算盘，有人认为应该迁都，而对于都城迁到哪里又不能达成一致。这样一来，宋真宗犹豫不决。寇準对主张迁都的人大声呵斥，并建议斩了这些人的头。

　　寇準向宋真宗说明了皇帝亲征的好处，不仅可以让将士们信心大增，还能够给敌军以威慑。如果将士们都弃城而逃，宋朝的江山社稷必然会不保。大将高琼也极力劝说皇帝，他指出将士们的家属都在都城，他们不愿意自己的亲人们背井离乡，只有皇帝亲自率兵领军，才有战胜的可能。在多人的劝说下，宋真宗决定亲征。

在寇準、高琼和将士们的催促下，宋真宗动身前往澶州。此时，辽军已三面围住了澶州。宋军坚守辽军背后的城镇，澶州守军又射死了辽大将萧挞凛。辽恐腹背受敌，提出议和。

宋真宗向来主张议和，已经通过降辽旧将王继忠与对方暗通关节，然后派遣大臣曹利用赴辽营谈判，终于在 1005 年 1 月与辽订立和约，宋每年输辽"岁币"银十万两、绢二十万匹。因澶州也称澶渊郡，故史称"澶渊之盟"。

英勇将领狄青

　　嵬名元昊称帝之后，准备大举进攻宋朝。公元 1040 年，西夏的军队和宋朝的军队在三川口大战。宋朝军队由于战略失误而大败，损失惨重。宋仁宗大发雷霆，让范仲淹等人为副使，到前线去杀敌。

　　范仲淹等人到了战场之后，急忙调兵遣将，将军队分成六路，每一路都由一名经验丰富的将领率领，宋朝军队的战斗力大增。范仲淹对将士们非常关心，心系将士，因此，将士们认为跟着范仲淹出生入死很值得。

　　当时，在宋和西夏边境作战的宋朝将领中有一个叫狄青的人。他出身低微，但是打起仗来却十分英勇。范仲淹带兵的时候，狄青驻军在保安。不久之后，西夏的军队大举进攻保安，保安的宋军连战连败。狄青看到此种情况，心里非常担忧。他主动找到保安的将领，毛遂自荐，表示要当先锋御敌。将领卢守勤看到狄青满腔热忱，而且身强体壮就答应了，让他骑着战马出城去防御敌军。

　　狄青一身鬼神状的装扮，披着头发，只露出两只炯炯有神的眼睛，手中拿着一杆长枪，杀敌的劲头十足。看到狄青在战场上的样子，西夏的士兵在心里就有些惧怕了。经过激烈的战斗，西夏的很多将士都死在了狄青的枪下。不久，保安大捷。好消息传到宋朝的朝廷中，宋仁宗大喜，为了奖赏有功之臣，将狄青连升四级。

公元 1041 年，西夏的军队要进攻渭州，这次宋朝还是派狄青前去迎战。狄青的英勇都被宋仁宗看在眼里，为了表达对狄青的赏识，宋仁宗还命人画了狄青的肖像，挂在宫中。

在接下来几年的战争中，狄青一直奋勇杀敌，而且屡立战功。一天，宋仁宗要封狄青为将军，范仲淹问狄青读过什么书，狄青回答说自己没有读过书，范仲淹就将一些著名的兵书拿给他读，并对他说："你现在是将军了，只靠个人的勇敢是不够的，你要熟读兵书、博通古今。"狄青牢记在心，于是每天刻苦地读书。他想，自己虽然出身低微，但是通过坚持不懈的努力，也同样能够有所作为。

范仲淹推行新政

范仲淹

宋仁宗的时候，宋朝的官僚机构比较臃肿，办事效率非常低。加之常年和西夏作战，朝廷的支出较多。

公元 1043 年，范仲淹作为参知政事回到开封。宋仁宗在和范仲淹谈话的时候，提到了朝廷的情况，范仲淹就提出了自己的意见。范仲淹认为根据朝廷的实际情况，应该尽快进行政治改革。于是就写下了著名的《答手诏条陈十事》，提出十项改革措施。于是，一场改革如火如荼地展开了。宋仁宗命令韩琦、欧阳修等人对其进行辅佐。这场改革就是著名的"庆历新政"。

范仲淹在施行改革之前，派遣了一些官吏进行考察，如果发现有不称职的官员，就立即撤职。范仲淹的改革让很多人怨恨，但这却是为百姓谋福利的好事情。在范仲淹的治理下，很多有识之士都发挥了自己的才能，而一些庸碌的官员也受到了惩处。经过此次改革，宋朝朝廷中出现了一片生机勃勃的景象。当时有一个大臣，名叫吕夷简，欧阳修等人经过调查，收集到很多这个人的罪证，最终宋仁宗下令将其罢免。

经过此次改革，官府的行政效能提高了，财政状况有所改善，萎靡的政局开始有了起色。但是，朝廷中的大臣也有在背地里说范仲淹和欧阳修等人坏话的，毁谤新政的言论逐渐增多。在流言的影响下，最终宋仁宗将范仲淹的新政废除，同时也罢免了范仲淹的官职。

第二年，滕子京给范仲淹写信，请求范仲淹为岳阳楼写一篇文章。于是，著名的《岳阳楼记》诞生了。文章中很多句子至今广泛流传，如"先天下之忧而忧，后天下之乐而乐"，这句话充分体现了范仲淹心怀天下，忧国忧民的情怀。

范仲淹施行的新政在某种程度上稳定了宋朝的统治，大大地打击了一些腐败官吏的嚣张气焰，对当时的社会发展具有一定的促进作用。但是，后来宋仁宗听信谗言，废除新政，实属可惜可悲。范仲淹因此被贬官也是对官员自身能力的不认可。总之，范仲淹施行新政顺应了社会发展需要，在当时应该被推广。

欧阳修推崇新文风

范仲淹推行的新政被很多人反对，这些人污蔑范仲淹和赞成新政的人是"朋党"。当时，谏官欧阳修专门写了《朋党论》为范仲淹辩护，后来，范仲淹被贬官，欧阳修也受到牵连。

欧阳修是庐陵（今江西吉安市）人，父亲去世得早，母亲独自一人抚养他。由于家境贫困，为了让欧阳修读书，母亲就用荻草秆儿当笔在地上教他写字，这就是故事"画荻教子"的由来。欧阳修天资聪慧，很多书只要是读过就能背诵出来，自己家的书读完了就去邻居那里借书读。他长大之后参加进士考试，名列前茅，被派往西京做官，成为留守钱惟演的幕僚。钱惟演是当时有名的文人，文章写得非常好。有一次，他在西京修建了一所驿舍，让尹洙、谢绛和欧阳修三个幕僚各写一篇文章，记述此事。三个人把文章写完之后，相互传看。欧阳修发现尹洙的文章短小精悍、结构合理，他非常佩服，于是就去拜访尹洙，向他讨教。

欧阳修知道了自己的文章有不足之处，于是就虚心改正，他的文章渐渐写得越来越好，尹洙看了之后对他赞不绝口。欧阳修在总结写文章的经验时说："写出好的文章要多看、多做、多商量。"他在写《醉翁亭记》时，对文章的句子反复斟酌，尽量做到语言精炼。其中"醉翁之意不在酒"一句流传至今。

欧阳修领导了北宋的古文运动，提携了王安石、曾巩、苏轼父子等一批文学家、政治家。唐代韩愈所倡导的古文运动及他所著的文章都受到了欧阳修的极大赞誉。欧阳修曾担任翰林学士并主持科举考试，他积极倡导考生用明白朴实的语言写文章，并对苏轼的文章大加称赞。至此，宋代的文风开始逐渐改善。欧阳修的妻子有时对他刻苦写文章的行为很不理解，便问他："你这么用功是怕被先生责备吗？"欧阳修笑答："我是怕被后生讥笑。"

欧阳修不仅在诗词、散文等方面造诣极高，还曾和宋祁合修《新唐书》，并独撰《新五代史》。

黑面包青天

北宋时期，有个著名的清官，叫包拯（zhěng），他也被人们称作"包公""包青天"。在一些文艺作品中经常会提到包公，但是一些小说和戏曲中包公的故事却都是虚构的。

包拯是庐州合肥（今属安徽）人，出生于公元 999 年，28 岁中进士，走上为官之路，曾担任开封知府、枢密副使（枢密使与同平章事等合称"宰执"，共同负责军国要政，其副职称枢密副使）等职。包拯以铁面无私闻名，即使是自己的亲戚犯了法，他也从来不包庇，完全依照法律来审判。自他做开封知府以来，开封的不法分子都收敛了自己的行为，不敢再为非作歹。包拯在开封任职时，有些皇亲国戚和重臣权贵无视法律，倚仗自己的家人在皇宫地位显赫就胡作非为。其中比较典型的就是张尧佐，他凭着侄女是皇贵妃，担任了三司使和其他几个重要的官职。但是，这个人德才浅薄，并不能担当大任。包拯连续写了几道奏疏，弹劾此人。因为此事，还惹得皇帝对他心生不满，但是包拯依然不改初衷，继续上奏弹劾，皇帝最终罢免了张尧佐的官职。

当时有一个官员叫王逵，担任荆湖南路转运使。为官期间，横征暴敛，对当地的百姓百般压迫，逼得当地百姓起来造反。后来，此人调任江南西路转运使，继续为非作歹。包拯知道后非常气愤，立刻上奏疏，弹劾王逵。但是，皇帝却并没有下达惩处的旨意。不久之后，包拯得知王逵对地方官员进行打击报复，随意关押百姓，制造了轰动一时的大冤案。凭借这一点，包拯又多次上奏疏弹劾王逵。最后，经过包拯多次的弹劾，宋仁宗只得罢免了王逵的官职。

包拯因执法如山和铁面无私，受到了人们的高度赞誉，有些人还将包拯和阎罗王相比较。当时，在端州有一种进贡的贡品叫端砚，这种工艺品雕刻得精美绝伦，当地的官员将端砚进献给皇帝时，也趁机搜刮了很多端砚。包拯到端州后，只是负责收进供的端砚，自己却不拿一块，因此，人们对包拯廉洁奉公的品质十分钦佩。后来包拯写了一篇《家训》，要求子孙后代都要廉洁做官，否则死后不能进祖坟。

濮议之争

宋仁宗登基之初，自己并没有子嗣，于是就将濮安懿王的儿子接到宫中作为自己的皇子。这个孩子名叫赵宗实，当时只有四岁。几年之后，宋仁宗有了自己的孩子，就将赵宗实送回濮王处。后来，宋仁宗的孩子不幸夭折，于是再一次将赵宗实接了回来。仁宗将其改名为赵曙。公元1062年，立赵曙为太子，他就是宋英宗。

宋英宗的亲生父亲濮王已经去世多年，宋英宗登基之后想给生父一个名分，因此和大臣们对此事进行了商议。有些大臣们主张追封濮王为"皇考"，也有些大臣为了顾全宋仁宗的面子，主张称濮王为"皇伯"，由此引发的争论被后世称作"濮议之争"。大臣韩琦支持将濮王的封号定为"皇考"，宋英宗也有此想法，但是又迫于其他大臣及宋仁宗遗孀的反对，犹豫不决。不久之后，曹太后亲自起草了诏书，认为大臣韩琦的意见是荒唐之言。

公元1066年，宋英宗和韩琦私自商量后决定将濮王追封为"皇考"。当时欧阳修也已经回到了京城，于是就直接起草了诏书。宋英宗和韩琦之所以如此大胆地行事，主要是想争取曹太后的同意。

　　一天，宋英宗假装请曹太后喝酒，在酒醉的时候，宋英宗取出了拟定好的诏书，让曹太后在糊涂中签了字。第二天，当欧阳修将这一诏书公布于众的时候，很多大臣都有非议。于是，宋英宗就去请曹太后。曹太后看到诏书上有自己的名字之后，不敢相信眼前的一切，但是又不能对外宣扬自己饮酒误事，所以只能勉强接受了这件事。

　　司马光等人看到此种情景也只好作罢。担任御史的吕诲却心有不甘，他联合了御史台的其他大臣联合上疏。宋英宗一气之下将他们都贬了官，这一举措让朝中大臣很是不服。但是，宋英宗给支持为濮王封号"皇考"的官员加官晋爵，这样一来，反对派就慢慢土崩瓦解。

　　这场争论持续了 18 个月之久，针对这一问题，大臣们分成了泾渭分明的两派，最终以韩琦和欧阳修为首的中枢派取得了胜利，宋英宗也达到了目的。

王安石变法

　　王安石是北宋时期著名的文学家和政治家。北宋在经历庆历新政失败后，社会矛盾突出，财政的亏空迫使政府不断整加赋税，各种名目繁多的苛捐杂税给民众造成了沉重的负担，另外农民身上的徭役负担也不断加重，起义时有发生。公元1067年，20岁的宋神宗继位，他很想一展宏图。宋神宗之前就对王安石有所耳闻，继位之后命他做江宁（今江苏南京市）知府，而后又升其为翰林学士。

　　王安石是唐宋八大家之一，精通诗词文章，考上进士之后做了鄞县（在浙江省东部，东临东海）知县。在鄞县时，他带领农民修水渠，并将官府藏粮借给农民，农民由此免受地主的盘剥。王安石曾将自己想要变法的主张上奏给宋仁宗，但是却被宋仁宗否决了。而宋神宗继位后，他对王安石的变法主张却很欣赏，于是，宋神宗就决定采纳他的变法主张，以实现富国强兵。

　　公元1069年，宋神宗让王安石担任参知政事一职，一年之后又升为宰相。为实施变法，王安石设立了制置三司条例司，由他和陈升之共同掌管。但是，王安石的变法遭到了守旧派的强烈反对，变法的推行遇到了极大的阻力。

　　王安石变法期间，他主张的新法内容包括以下几点：

　　一、青苗法。在青黄不接的时候，政府要借粮食给农民，或者让农民以少量的利息向政府贷款，在秋收之后还上本息。二、农田水利法。政府对修建水利及开荒种田的农民要进行奖励。三、免役法。不愿服差役的民户可以交纳一定数量的免役钱给政府，政府征收免役钱后雇人服役，官僚地主也不例外。四、方田均税法。政府下令丈量全国土地，核实土地所有者，并将土地按品质好坏分为五等，作为征收田赋的依据。五、保甲法。政府把农民组织起来，十家为一保，有两个或更多男子的家庭，抽出一人服役，农闲时习武，战时作战。

　　新法推行后，效果明显，在短时间内就增加了政府的收入，但是也因此触犯了官僚地主的利益。新法颁布不到一年，围绕变法，拥护与反对两派就展开了激烈的辩论及斗争。王安石虽然变法决心坚定，但宋神宗死后，司马光出任宰相，新法也就逐渐被废止了。

沈括著《梦溪笔谈》

北宋时期有一位著名的科学家、政治家，名叫沈括。沈括是钱塘（今浙江杭州）人，从小跟随父亲到处闯荡，增长了很多见识。沈括进士及第后，经人推荐，被调到京师的昭文馆工作，负责编辑和校对图书，在工作中沈括有机会读到了很多珍贵的藏书，学识有了很大长进。

沈括从小就喜爱数学和天文学。公元1072年，沈括到司天监做官，主要负责观测天象。当时有个出身比较低微的平民天文学家叫卫朴，他观测天象的经验非常丰富，沈括就把他推荐到了司天监。在沈括的领导下，司天监的工作为百姓谋得了很多福利。后来，沈括支持并参与到王安石的变法运动中，贡献了自己的一份力量。

公元1075年，辽国使臣来宋，竟然说黄嵬山一带属于辽国。宋神宗把和辽国谈判的任务交给了沈括。沈括经过查阅典籍，有理有据地和辽国使臣谈判，最终取得了谈判的胜利。沈括在回京城的路上，对沿路的山川河流及风俗民情等进行了了解，创作了《使契丹图抄》，得到宋神宗的称赞，他也因此得到了翰林学士的官职。

沈括博学多才是出了名的，他在自己的所居住的梦溪园创作了《梦溪笔谈》这部伟大的著作。后人常把这部作品称为《笔谈》，其内容涉及天文、生物、数学、物理、化学、考古、医学等多个领域。这部书包含着沈括个人的一些独到见解，他花了很多的心血才完成这一著作。众所周知，指南针是我国古代一项意义重大的发明，沈括将指南针的不同使用方法记载在《笔谈》里面，其史学意义重大，并且指南针的指向符合磁偏角的发现要比欧洲早四百多年。

沈括在担任河北西路察访使期间，对当地的地形地貌进行观察和研究，推出大陆的形成过程。同时，他也对水流侵蚀冲击作用进行了深入研究，提出的观点也早于西方的学者。不仅如此，沈括还最先提出"石油"的概念，毕昇的活字印刷术最早也是由《笔谈》记载下来的。

沈括的《梦溪笔谈》成书后，这部著作被誉为"中国科学史上的坐标"。

毕昇发明活字印刷

　　印刷术是我国古代的四大发明之一，除此之外，我国古代的四大发明还有造纸术、指南针和火药。我国是世界上最早发明印刷术的国家，活字印刷术的发明者是宋代的毕昇。毕昇发明的活字印刷术促进了我国乃至世界印刷业的发展。

　　根据沈括《梦溪笔谈》的记载，活字印刷术是在宋仁宗庆历年间被发明的。当时，刻字工人毕昇所从事的工作是书籍的刻印。他看到雕版印刷浪费了很多木料资源，就萌生出改进的念头。他想，如果一些常用的字可以反复使用，而不是每用一次就得刻印一次就好了。于是，他就把整块的雕版拆卸成了不同的单块。为了能够合拢印刷，毕昇还把木板切割成见方的小木块，并将常用的字刻在木板上。然后，他用松香和油蜡等材料将这些分散的字连接起来，经过多次试验，这种方法都很成功。但是，木质的模型很容易出现变形的问题，时间长了就会模糊不清，这让毕昇伤透了脑筋。几天之后，毕昇看到烧水用的瓦罐，突然想到了如何解决一直以来困扰自己的问题。那就是用泥坯刻好字，然后进行烧制，这样就可以保证字模不变形，字迹也不会模糊不清了。经过反复研究和试验，一套字迹清晰的活字版终于制作成功了。

毕昇将这些字拼好，印刷了几百次，每张纸上的字迹都特别清晰，活字印刷术从此诞生了。这一发明比德国的金属活字印刷术早四百多年。活字印刷术的发明大大促进了宋代造纸业的发展。其中比较典型的就是用竹子制作成竹纸。这种纸张质地较好，但制作难度却相当大。当时，很多图书资料都是用竹纸印刷而成的。

随着造纸术的发展，四川的能工巧匠开始用舂米的水碓（duì）来舂捣造纸的原材料，这大大节省了人力和物力，在保证造纸质量的前提下提升了工作效率。可见，我国古代的印刷术和造纸术的发展对当时社会的发展起到了重要的促进作用。

苏东坡与赤壁怀古

公元1057年，宋朝的京城举行考试，文人苏洵带领着两个儿子——苏轼、苏辙来参加考试。这两兄弟善于写文章，才华横溢。考试结束之后，主考官欧阳修对其中的一篇文章十分欣赏，通过分析文章的写作风格，他认为这是自己的徒弟曾巩的作品。但是，由于担心别人说自己偏袒门生，就将这篇文章评为第二名。

后来，欧阳修知道这篇文章是名叫苏轼的考生所写的，十分惊讶。由于当时欧阳修锐意诗文改革，苏轼那清新洒脱的文风震动了

苏东坡

他，欧阳修对苏轼十分欣赏。苏轼考中后去拜见欧阳修，二人交谈后，欧阳修对苏轼更为赞赏。后来，欧阳修写信给好友，说："现如今，我遇到了更为有才之人，我应该退避，让晚生有用武之地。"从那以后，苏轼的名气大涨，人们逐渐地认识了他。

公元1069年，王安石施行变

法。苏轼当时正担任端明殿学士，对变法的内容不是十分认同。于是他极力地反对王安石变法，没想到因此被贬官到杭州做通判。后来，苏轼在很多地方都任过官职，为百姓谋得了很多福利。即便如此，很多支持变法的官员还是想方设法地陷害苏轼。他们从苏轼的大量诗作中挑出他们认为隐含讥讽之意的句子，并指出苏轼的诗包含着谋反的思想。苏轼因此被关进了大牢，后经周旋才得以出狱，这就是著名的"乌台诗案"。后来，苏轼远离官场，在山坡上盖起了房子，并给自己取名为"东坡居士"。

被贬黄州时，苏轼内心苦闷，曾多次到黄州城外的赤壁山游览，写下了《前赤壁赋》这一名篇。在赋中，苏轼感叹人生的短暂和个人的渺小，发出了怀古伤今的悲叹，并抒发了自己的旷达之志。后来，苏轼又写下了《念奴娇·赤壁怀古》，这首词是豪放派词的代表作品，被誉为"千古绝唱"。

苏轼的一生历经坎坷，但是他在诗词上却有很高的建树，自我价值也得到了实现。

司马光编写《资治通鉴》

　　司马光出身于官宦之家，是宋代保守派的代表人物，他编写了著名的编年体史书《资治通鉴》，在文学及史学上具有重要的研究价值。

　　司马光幼年时就很聪明，司马光砸缸救小伙伴的故事家喻户晓。他六岁就开始读书，受到《左传》的启蒙，从此对历史非常感兴趣。他二十岁开始做官，但是仍然不断钻研历史。他想把冗长的历史变得系统而明晰，以供读书人阅读，因此，就自己动手进行编写。他说："从《史记》到《五代史》就有一千多卷，读书人很难在短时间内读完，而且不能精读。我想写一部史书，从战国到五代，用编年体，采纳百家说法汇总成一家之言。"

　　首先，司马光编写了大事年表，名为《历年图》。然后又花了两年左右的时间编撰了共八卷的《通志》，这是《资治通鉴》的前八卷。公元1066年，司马光将《通志》拿给宋英宗看，宋英宗高度赞赏，并命人设置了书局，专门协助司马光继续编书。司马光挑选了刘恕、刘攽、范祖禹等史学家当他的助手，一同编书。书局成立一年左右，宋英宗就病逝了。继位的宋神宗对历史也颇感兴趣，非常支持司马光编书。后来，宋神宗将书名改为《资治通鉴》，因为，"资治"是帮助治理国家的意思，"鉴"是镜子，即以历史的得失作为鉴戒来加强统治。

在编撰《资治通鉴》的过程中，司马光和其助手付出了很多的时间和精力。刘攽、刘恕、范祖禹等人各就所长，分段负责，先排比材料的"丛目"，再编成"长编"，然后由司马光总其成，删为定稿。其中，唐史部分就需要从初稿的六七百卷缩减到八十一卷。可见编书的工程量之大及司马光等人之用心。据史书记载，这部书的初稿堆满了整整两间屋子。司马光常常工作到半夜才睡，为了不睡过头，他用圆木做枕头，如果自己一翻身，圆木滚动就会让自己醒来，这样就可以起来继续编书了。

公元 1084 年，司马光等人终于完成了《资治通鉴》的编纂历时十九年。这部著作记载了从公元前 403 年到公元 959 年之间的历史，以时间为纲，事件为目，共有二百九十四卷，又考异、目录各三十卷，包含三百多万字，具有很高的史料价值，司马光也因此和《史记》作者司马迁并称史界"两司马"。

程门立雪

我国北宋时期有个著名的学者，名叫杨时。他在考中进士之后，并没有像其他人一样入朝做官，由于他对理学十分感兴趣，想进行深入研究，就继续跟随理学大师程颢学习，以增长知识。后来，杨时、游酢、吕大临还有谢良佐四个人被后人称为"程门四大弟子"。在这四个人当中，程颢对杨时最为赏识。在杨时学有所成回到自己家乡的时候，程颢悲伤地看着杨时的背影，久久不肯离去。

程颢去世之后，杨时又来到洛阳找到程颢的弟弟程颐，并且拜其为师。在拜师的那天，杨时和游酢一起到程颐的家中。当时，天正下着大雪，程颐在椅子上睡着了。二人为了不惊动老师，便恭敬地站着。等到程颐醒来之后，发现屋外的大雪已经很厚了。程颐得知二人为了拜师，竟然站了那么久，心里非常感动，于是程颐就答应做他们二人的老师，并且把自己所知道的知识都教授给他们，还耐心地解答他们的问题，后来他们两人都学有所成，成了国家的有用之才。

这就是"程门立雪"的故事。这个故事对后来的读书人影响很大，杨时和游酢都是尊师重教的典范。无论是在古代还是在现代，学习知识的人都应该谦虚，对待老师都要恭敬。后来，杨时等人学识渊博，成为我国宋朝著名的哲学家和文学家。也正是因为有了杨时等一批知识分子，程朱理学才得到延续，也使得后人能够接触到程朱理学，让后人对程朱理学有了更为深刻的了解。

尊重师长是中华民族的传统美德，这不是说说而已，而是要落实到具体的行动当中，这样才是对老师、对知识的尊重。现代的很多人只是嘴上说要尊敬老师，但是内心里对老师并不尊重，这本身就是一种自欺欺人的行为，因此我们要在认识上、感情上去尊敬老师，恭敬受教，尊师重道。

不得志的柳永

柳永是宋代著名的词人，他为人放荡不羁，终身潦倒，这也决定了他的词风格多通俗感人，生活情趣极其浓厚。柳永创作的很多词，至今仍广为流传。

柳永原名为柳三变，因为在家排行第七，所以也被人称为柳七。他的父亲是个读书人，在朝廷为官。因此，柳永从小就希望和父亲一样，也能做官。但是，他在追求功名的路上遇到了不少困难。第一次参加考试落榜，考了几年也没有被录取。他失意之中写下了《鹤冲天》这首词。在这首词中，最为出名的句子就是"忍把浮名，换了浅斟低唱"。意思就是说自己没能考取功名，但是自己可以做一个不用穿朝服的官员，那些虚浮的名声还不如换成酒和歌。没想到，这首发牢骚的词竟然传到了皇帝的耳朵里，宋仁宗很是恼火，并记住了柳三变这个名字。

几年之后，柳永又一次参加科举考试考试，这一次他终于通过了。但是当录取名单摆到皇帝面前的时候，宋仁宗对柳三变这个名字很熟悉，想起这就是当年写词发牢骚的人，于是就将他的名字从榜单中去掉了。这对柳永又是一次严重的打击。从此以后，柳永真正地远离了仕途，结交了很多民间的朋友，他还资助很多社会下层受压迫的人们，因此备受爱戴。他经常自嘲自己是"奉旨填词"的人，他的很多作品都能够反映当时的社会现实。

柳永开拓了词的新领域，创造了另外一种表达感情和思想的方式。而且，他还在词中引用了很多适俗的意象，丰富了词本身的内容。柳永一生写下了二百多首词，其中比较著名的是《雨霖铃》《醉蓬莱》等。这些词都具有通俗易懂的特点，能够真实地反映出百姓的生活。

后来，柳三变将自己的名字改为柳永，多年之后柳永终于考中进士做了官，政绩也不错，为老百姓做了很多实事。自做官以来，他的词风有了很大的转变。他改变了以往脱俗的风格，变得节制了很多，其中不乏粉饰太平的词句。柳永也真正成为"奉旨填词"的人了。

满腹才气的苏轼

苏轼是我国北宋时期著名的文学家，也是豪放派的代表人物，他对词体进行了全面改革，其词的表现方式开创了宋词的新格局。苏轼和父亲苏洵、弟弟苏辙都被列入"唐宋八大家"，后人将这父子三人称为"三苏"。

苏轼和苏辙同年参加科举考试，双双考中进士。后来苏轼做了官，一心想为百姓做些实事，他想朝廷和百姓之所想，一心一意地报效朝廷和造福百姓。他在徐州做官的时候，正赶上黄河决口，洪水淹了不少村庄和城市。苏轼带领士兵与百姓一起抗洪，他夜里住在城头的草棚里，通过长时间的坚持，最后洪水水势减退，苏轼和众人保住了徐州城，使得徐州城没有被洪水吞没，他受到徐州城百姓的尊敬和爱戴。

苏轼在杭州做官的时候，西湖发生了堵塞。苏轼率领二十万民工挖河床修长堤，后人称之为"苏堤"。苏轼还让人在长堤上栽种各种树木，西湖的景色变得更美了。苏轼有一首诗描写了西湖晴天和雨天的不同景色：

水光潋滟晴方好，

山色空蒙雨亦奇。

欲把西湖比西子，

淡妆浓抹总相宜。

虽然苏轼从政为官几十年，但是在官场上他却有很多不如意。他经常遭人排挤，受人诬陷，严重的时候甚至锒铛入狱，遭遇贬官也是常有的事。在官场失意的时候，苏轼就去游山玩水。有一次，他邀请几个朋友一起泛舟长江，在万千感慨下写下了《赤壁赋》。苏轼很有才华，在文学上有很深的造诣。他的文章受到宋神宗的青睐。他一生作诗四千多首，一些名句至今仍广为流传。

苏轼不仅是个伟大的文学家，还是一个书法家，他的书法字体到现在也有很多人在临摹。不仅如此，他还是个著名的画家，《枯木怪石图》就是其代表画作。另外，苏轼还精通医学，《苏沈良方》就是宋人根据苏轼所作医药杂说和沈括所撰《良方》十卷合编而成的医学书籍。

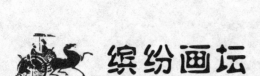

缤纷画坛

　　《清明上河图》作为中国的传世名画，是北宋画家张择端的存世精品，现存于故宫博物院，这一北宋长卷不仅具有较强的艺术价值，而且还具有较高的历史价值。该画卷主要记录了北宋京城清明节的景象和当时社会各阶层人民的生活状况。《清明上河图》主要分为三个部分，分别为城郊、汴河和街市。最有名的是这一长卷中段的"虹桥"部分，因其形似彩虹而得此名。

　　画卷中，大桥下面有很多船只，纤夫在忙碌着，还有彩旗在随风飘摇。桥上也是一派热闹的景象，一些小商小贩在看着桥下的风景。

　　《清明上河图》将汴梁城的繁荣景象展现得淋漓尽致，将繁华和春色紧紧地融为一体。画卷中共有五百多个形态各异、栩栩如生的人物，作者细致入微的笔法是一般的画卷无法与之相比的。这幅画曾经被不同的博物馆收藏过，是家喻户晓的珍品。

　　北宋时期是我国绘画比较繁荣的时期，因为当时的商业比较发达，一些达官贵族对绘画都比较欣赏，兴趣较高，因此绘画就成为一种艺术，且逐渐形成一种行业。不仅如此，宋代绘画的发展还和君主的提倡有直接的关系。宋代宫廷还专门设置画院，这从某种程度上促进了宋代绘画艺术的发展。

北宋的山水画发展了很多风格，达到了前所未有的成就。画家范宽是典型的代表人物，其代表作品《溪山行旅图》被誉为"宋画第一"，这幅画气势雄强，巨峰壁立，人物、马匹活灵活现，受到历代收藏家珍爱。。

北宋的花鸟画也非常有名，宋徽宗赵佶是典型的代表人物，其作品有《芙蓉锦鸡图》《写生珍禽图》等。北宋"白描大师"李公麟擅长用墨线对人物轮廓进行勾勒，他将白描这种绘画技法推到了顶峰，也使白描技法成为后人学画所遵从的典范。

文人画是北宋中期出现的一种绘画形式，"石室先生"文同是代表人物。文同以善画竹著称，他的墨竹作品给当时的苏轼等诸多画家以重要影响，墨竹逐渐成为中国文人画的一个重要题材。

宋江方腊起义

公元1100年，宋徽宗赵佶（jí）继承了宋哲宗的皇位。宋徽宗在位期间宠信奸臣，其中有六个最为出名的大奸臣。这六个奸臣贪赃枉法，横行霸道，到处残害百姓。在宋徽宗的昏庸治理下，北宋的财富几乎全部被挥霍掉。宋徽宗有一个爱好，就是收集珍贵物品，他有时强抢百姓手中的珍贵财物，弄得百姓怨声载道。在这种情况下，各地都出现了起义军，其中规模比较大的是北方的宋江起义军和南方的方腊起义军，他们纷纷起来反抗朝廷。

说到宋江，人们并不陌生，在小说《水浒传》中也有记载。但是，小说中的宋江和历史上的宋江还是存在着一定的出入的。在山东省有一座山，名为梁山，在梁山附近有一个比较大的湖泊，名为梁山泊，周围的百姓主要是靠捕鱼为生。宋徽宗看见这一地区比较富庶，就让农民多交赋税。长此以往，地方民怨沸腾，梁山泊的百姓在宋江的领导下开始起义。梁山上的起义领导人物具体有多少，史书没有明确记载，因此，真实的数据还有待考证。

公元1119年，朝廷打算对宋江起义军实施招安政策，但以失败

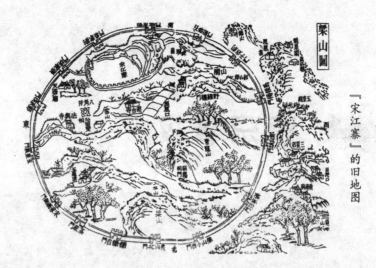

「宋江寨」的旧地图

告终。就在此时，南方的方腊也进行了起义。朝廷里有人献计给宋徽宗，招安宋江，用宋江的力量来对付方腊。宋徽宗听到之后觉得很不错，命令此人去办，但是这人还没来得及去就死了。公元 1121 年，张叔夜被派去镇压宋江的起义军，朝廷的军队事先设下了埋伏，宋江的起义军被包围了，最终宋江投降。

于此同时，在公元 1120 年，由于忍受不了朝廷的横征暴敛，方腊召集了一千多名贫苦的农民，举行起义。年底，方腊建立了政权，年号为"永乐"。由于起义军声势愈加浩大，宋徽宗命令童贯带领军队攻打方腊，起义军由于武器和粮食不足，伤亡惨重。后来，在作战的过程中，起义军内部出了奸细，在交战的时候，方腊被俘。公元 1121 年 8 月，方腊就义。

蔡京掌权

在宋神宗赵顼去世，宋哲宗赵煦继位后，司马光将新法废除，对新党官员采取了打击的行为，但司马光死后，宋哲宗又重新重用了新党官员。后来，旧党和新党轮流执政，朝政十分混乱，领导者一直在夺权，对于民生却不闻不问，使得民不聊生。

宋徽宗继位之后，看到国家的这种情况，决定变法。公元1102年，新党的领袖蔡京担任宰相，蔡京将旧党人称为"元祐党人"。

蔡京 行书《元祐党籍碑》

当年，蔡京在京城的端礼门外面修建了元祐党籍碑，命令天下效仿。这个碑上刻着很多官员的名字，这些人重者关押，轻者贬放远地，非经特许，不得内徙。

蔡京不断勾结宦官，他们的势力逐渐强大，在朝堂上下胡作非为，一些忠臣只敢怒而不敢言。以蔡京为代表的"北宋六贼"是民间对当时六个奸臣的合称，当时的汴京城中有很多讽刺六贼的歌谣，比较有名的一句就是"杀了嵩蒿（童贯）割了菜（蔡京），吃了羔儿（高俅）荷叶在"。

众所周知，盐是人们生活中不可缺少的东西。在我国的宋朝时期，盐都是由西北地区的官员来卖，商人只有向地方政府讨钱，才能够换得盐钞，再凭借换来的盐钞来买盐。蔡京却将卖盐的权力收回到中央，由于商人需要用盐钞来换盐，所以，蔡京就私自印制盐钞。旧的盐钞还没有使用完，蔡京就命人印制新的盐钞。这样一来，蔡京在其中就贪污了很多盐款，发了大财。

对于王安石提出的变法，蔡京觉得其中的免役法有利可图，因此就非常支持这种法律推行。显然，王安石变法的主要目的是为了减轻全国百姓沉重的负担，但是，蔡京却利用这条法律来谋取权力和钱财。不仅如此，蔡京还借助自己的权力，买卖官职。

蔡京为了讨好皇帝，殷勤地派人搜集皇帝喜欢的石头。搜集石头的方式十分残暴，只要遇到了上好的石头，蔡京就派人直接去抢，长期敲诈勒索百姓，百姓苦不堪言。

蔡京弄权乱政，终致国家祸乱，为后人所诟病。

李纲坚守东京

宋徽宗在位期间，由于北宋在政治和军事上都处于劣势，金国便开始攻打北宋。金太宗几次三番派使臣到宋朝，目的是对北宋的各种情况进行监视。公元1125年，金太宗终于找到一个借口出兵北宋，这个借口就是宋朝私自收留了一个金国的叛徒。这次攻打宋朝，金军做了十足的准备，兵分东西两路，分别由完颜宗翰（本名粘没喝，又译粘罕）和完颜宗望（本名斡鲁补，又译斡离不）两员大将率领。东路军队刚刚攻打到燕山，宋军防御将领郭药师就投降了，金军直奔东京。

金兵连战连捷的消息传出，宋徽宗被吓破了胆。在危急之下他将皇位传给了自己的儿子赵桓，即宋钦宗。第二年，当金兵攻打到黄河北岸时，宋徽宗慌忙逃跑。留在东京的宋钦宗没有了主意，于是找群臣商议。当时白时中和李邦彦是宰相，他们主张皇帝弃掉京城逃跑，并得到了宋钦宗的认同。

但是，参谋官李纲却持反对意见，他说："皇帝的主要责任就是保护国家，如果大敌当前只顾逃跑，怎么能对得起太上皇的重托？"

这时白时中在一旁讽刺地说："京城怎么可能守得住？"李纲在群臣面前说明理由，他认为京城有最牢固的城池，而且将士们的家人都在京城，如果大家纷纷逃走，必然会军心涣散。李纲丝毫没有畏惧的情绪，他主动要求带兵守城，以死报国。

宋钦宗最终同意李纲带兵守城，可是第二天李纲却看到宋钦宗准备了车辆和马匹，还是要弃城而逃。李纲对宋钦宗说："皇上现在准备逃走，如果金军得知消息，快马加鞭追赶，你身边的少量军队怎么可能抗敌？"宋钦宗一听再也不提逃跑的事了。

李纲率领军队，采用各种战术，歼灭敌军几百人。将领完颜宗望看到宋朝守城准备比较充分，就有了议和的想法。宋朝答应割让城池并缴纳金银给金国，因此对百姓大肆搜刮。

北宋将军姚平仲建议偷袭金军营地，活捉完颜宗望，不料中了埋伏，夜袭金营败归。完颜宗望借此机会索要了太原三镇的地图。此后，宋朝的局势更加动荡了。

太学生请愿

在宋军和金军交战的时候，双方实力相当，金军想要攻下东京的希望破灭。就在这时，金军想要通过谈判的方式来结束战争。于是派人对宋钦宗说："两国本来就是盟友，最好不要兵戎相见。如果皇帝愿意讲和，就拿出黄金、白银、绢帛和牛马给金国，并且割让太原等地给金国，同时宋朝的宰相和亲王要去金做人质。"

这些无理条件宋钦宗全部答应了，于是，他下令在民间搜刮百姓的金银，以满足金国的要求。大臣李纲得知此事之后非常愤怒，对宋钦宗说："我军的援军就在路上，等到援军一到，谁胜谁败还不知道呢，为何要现在和金人议和？"宋钦宗把这些话当作了耳边风，还是一意孤行。几天之后，宋朝的援军到了，在大臣李纲的劝说下，宋钦宗准备和金军交战。但是对于战略方法，大臣们之间有了矛盾。一天，姚平仲没有经过允许，私自带兵去偷袭敌军。谁知，军队中出现了奸细，金军的完颜宗望早已得知了军情，提前设下了埋伏，宋军大败。

完颜宗望派人去质问宋钦宗，已经有议和的约定在先，为何还要起兵。无奈之下，宋钦宗只好把皇子和萧王送到金营当人质。宰相李邦彦将这一责任推到了李纲身上。于是，李纲被罢免了官职。

京城太学中的学生对李邦彦恨之入骨，于是，集会请愿惩处李邦彦。太学生们来到宣德门前，声势浩大。百姓听说太学生请愿，也参与到其中。不多时，宫门口竟然聚集了几万人。李邦彦下了朝，正好遇到这些请愿的太学生和百姓，人们用石头砸他，吓得他赶紧逃到了宫中。宰相吴敏安慰太学生们说，等到金军撤兵就会让李纲官复原职。但是，太学生们不答应，要求立即恢复李纲的职务。请愿声震天响，朝堂的鼓被敲碎了好几个。宋钦宗迫于压力，只得将李纲找回来，官复原职，请愿的太学生们这才纷纷退去。

但大臣李邦彦和李纲之间仍然矛盾重重，对于是否应抗金，他们的主张也不同。

靖康之耻

金军撤退之后，宋钦宗和一些大臣以为战事就此平息，宋徽宗在风波过后也回到了京城。宋朝皇帝继续之前的奢靡生活，军事防御工作懈怠，一些援军被纷纷遣散。

李纲看到这种情况，忧愁万分，多次上书要求加强军队的防守，但都遭到拒绝。朝廷中的投降派经常找各种理由污蔑李纲，处处排挤他。最后，宋钦宗将李纲调离京城，让他去抗金。但是，朝廷只给李纲极少的军队和马匹，抗金军队节节败退。宋钦宗听信一些奸臣的谗言，罢免了李纲的官职，将他流放到南方。

金太宗认为这是一个千载难逢的机会，于是派遣完颜宗翰和完颜宗望攻打宋朝。援军从各地赶来保卫京城，但是朝中也不乏一些投降派。金军攻打到黄河北，看到宋军防守严实，有些胆怯。金军主将命人敲了一夜的军鼓，振奋士气，最终渡过了黄河。此时，金军提出两国以黄河为界，河北和河东地区都归金国所有，宋钦宗同意了这一无理要求。两地的百姓十分气愤，坚决反对，但都无济于事。

金兵在很短的时间内就攻打到了东京，宋军见形势不妙，纷纷撤退。当时有一个声称懂得六甲法的骗子叫郭京，他谎称用七千七百七十人就可以战胜敌军。兵部尚书竟然信以为真，报告给宋钦宗，宋钦宗用重金招募了如数人前去守城。但在宋朝派郭京出兵的时候，郭京却推托说不到时候，眼看形势危急，他才不得不出兵。没想到他的军队以卵击石，节节败退，郭京趁机带领几个得力将领逃跑了。宋军还没有关闭城门，金军就攻入了。宋钦宗无力抵抗，向金军投降，并向金国称臣，金军派人将宋朝的府库查封，搜刮了大量的金银财宝。不久，宋徽宗和宋钦宗也被押解到金军大营，就这样两个皇帝都做了金军的俘虏。不仅如此，众多皇亲国戚和能工巧匠都被送到金国做奴隶，这就是历史上有名的"靖康之变"，存在了一百六十七年的北宋王朝宣告灭亡。当时康王赵构由于领兵在外，躲过了这次劫难。之后赵构在一些官员和将士的拥护下，建立了南宋政权。

李纲入相

公元 1127 年，赵构即位，南宋王朝建立，赵构即是宋高宗。赵构是宋徽宗之子，曾到金国做过人质。在敌营中，赵构处变不惊，胆识过人。在东京受到围剿的时候，赵构北上和金军议和。当他来到磁州时，受到当地百姓的拥戴，希望他能留下来。后来，赵构率领军队作为宋朝军队的援军，没有到战场和金军交战。金军撤兵之后，赵构称帝。

宋高宗命人找回宰相李纲，有些大臣向宋高宗进言："李纲一直都是主战派，如果把他找回，还如何与金国签订议和的协议啊！"宋高宗并没有理睬这些言论，最终李纲得以重新任职。李纲回朝之后，向宋高宗提出了许多治国的建议，其中包括惩罚奸佞之人、重用有识之士、不能轻易听信主张议和的言论。然而，宋高宗对投降派的观点十分认同，对于李纲的奏章不是十分认可。

李纲向宋高宗推荐宗泽，因为宗泽有勇有谋，胆识过人。于是，宋高宗就将宗泽封为东京留守，后来又任其为延康殿学士。慢慢李纲在全国的名气逐渐大了起来，投降派便在宋高宗面前说："现如今，百姓们眼中只有李纲却没有皇帝，李纲还在外面四处拉拢将士。长此以往，恐酿成大祸。"但宋高宗对大臣的话并不在意。

有一次，宋高宗要去南方巡访，对于要去哪里，众位大臣有不同的意见。李纲认为应该去关中等地，而汪伯彦等人则主张去扬州。最后，宋高宗决定巡访扬州。还有一次，李纲见到汪伯彦等人给金国送礼，十分愤怒，就狠狠地教训了他们。没想到，他们却说宋徽宗和宋钦宗还在金军手里，如果不送礼，两国关系将很难缓和，李纲听后更为愤怒。很多人都看不惯李纲，于是他们在宋高宗面前搬弄是非，最后，宋高宗罢免了李纲的官职，封黄潜善和汪伯彦为左右丞相。归根结底，宋高宗和李纲之间的矛盾就是投降派和主战派之间的矛盾。

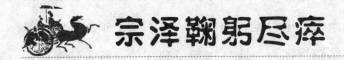

宗泽鞠躬尽瘁

宋高宗即位之后，封宗泽为东京留守。宗泽上任之后，大刀阔斧地进行了改革，对混乱的局面进行了整治，保证军队的粮草充足，同时还惩处了很多盗贼。当时，东京有很多主张抗金的起义军，但是大家的观点都不统一，宗泽就想方设法将这些起义军队联合起来。刚开始，这些起义军对宗泽还持怀疑态度，但是后来接触久了，逐渐开始相信他。

当时有一支以王善为首领的军队，其势力不断扩大，最终达到了七十多万人。王善见自己的队伍强大了，于是就有了攻下东京的念头，想自立为王。宗泽听到这一消息之后，马上找到王善，将当时宋军和金军的形势告诉了他，并对他说："现在，宋徽宗和宋钦宗都在金人的手里，如果这个时候我们内部分裂，肯定会让金军有可乘之机。当下，我们应该团结起来，共同抗敌。"听了这些话后，王善惭愧地流下了眼泪。经过宗泽的奔走游说，很多起义军的首领都同意将起义军加入到京城的军队中去，一起抗击敌人。

宗泽在京城设置了连珠寨，由岳飞等人把守，抗击金军。但是，宋高宗却在奸臣的蛊惑下一心要迁都。就在这时，金太宗派遣将军完颜宗弼带兵攻打东京，宗泽等人带领了精锐部队，包抄金军，金军大败。几年之后，完颜宗弼又要攻打东京，宗泽派遣阎中玄去支援宋军，但他却在半路逃跑，后来被宗泽斩首。对于主张投降的战士，宗泽都毫不留情地处置。忧国忧民的宗泽，曾经向宋高宗上了二十四道奏章，希望皇帝能够将都城迁回，但都遭到拒绝。不仅如此，宋高宗还派人监视宗泽。

此时的宗泽已经七十岁高龄，但还是忧心大宋的江山社稷，再加上身体状况不如从前，宗泽最终还是倒下了。在生命垂危之际，宗泽吟诵了杜甫的《蜀相》，高呼了三声"过河"后，就与世长辞了。宗泽死后，东京留守换为杜充，此人昏庸无能，胆小怕事，最终将抗金的形势破坏掉了。

宋高宗坚决议和

宋高宗

公元1129年，完颜宗翰率军南下。当时宋朝的左相和右相分别为黄潜善和汪伯彦，他们非常不重视军情，曾经多次将战报扣留，使得皇帝无从得知战情。当时扬州的军力不足，而同年2月，金兵已攻打到天长，距离扬州只有数十里。宋高宗贪图享乐，接到战报后，没有告知宰相，就带着几个骑兵向南逃跑了。完颜宗翰取得扬州之后，大肆地烧杀抢夺，一座繁华的城市转眼间就变成了破败不堪的样子。宋高宗逃到镇江，派使臣去和金军议和，但是，金兵竟然将使臣扣留了下来。没办法，宋高宗只有再次派遣使者前去议和，并且表示永远做金国的臣民。

宋高宗和一些大臣们商量要如何应对眼下的情形，大臣们众说纷纭。最后，宋高宗逃跑心切，从常州逃到了杭州，放弃了长江区域。

宋高宗逃到杭州的时候，大赦天下，但是唯独没有赦免李纲。亲军统帅认为宋高宗的赏罚不公，就私自去城北桥袭击王渊，这场战乱就是历史上著名的"苗刘之乱"。叛军杀死了多个宦官，有些宦官虽然受到宋高宗的包庇，但是也无济于事，通通被斩首。苗傅和刘正彦等人逼迫宋高宗让位给太子。后来大将张浚率军直逼杭州，苗刘二人万分惶恐，急忙逃窜，叛军自行垮台。此时，韩世忠也来保护圣驾。宋高宗大喜，封张浚为知枢密院事，对韩世忠等人十分倚重。

宋高宗复位之后，仍然固执坚持议和的国策。但是，金兵对于议和并没有放在心上。金兵将士完颜宗弼率军要夺得建康（今江苏南京市）等地，宋高宗惶恐之下急忙逃跑到明州（今浙江宁波市南）和越州（辖境相当今浙江浦阴江流域（义乌市除外）、曹娥江流域及余姚市）地区。完颜宗弼紧追不放，乘船追杀。但是，由于金人不熟悉水性，大船被吹散了。于是，完颜宗弼改变主意，撤军回到北方。一路上烧伤抢掠，无恶不作。

在金军撤退之后，宋高宗又一次和群臣商议国家大事。大臣范宗尹说："现如今，夺得荆襄和关中之地是首要目标，这样才能够巩固长江天险。"宋高宗采纳了他的建议，并驻跸越州。

大才女李清照

南宋偏安东南一隅，但却极其腐败。宋高宗在敌人攻打之时，只知道逃跑，百姓也跟着颠沛流离，饱尝家破人亡的痛苦。

李清照是宋朝的女词人，号易安居士。她从小精通诗书，善于写词，词风属于婉约派。李清照的文学修养离不开她父亲的谆谆教诲。她的父亲李格非，担任过礼部官员，由于文章写得好，他曾受到苏轼的赏识。李清照的母亲是个知书达理的妇人。在这样的家庭氛围中，李清照耳濡目染，学识不断增长。

李清照嫁给赵明诚后，二人志同道合，都能文擅诗，爱好金石书画（古代铜器和石碑上的字画）。他们一起搜集不同类型的碑文和字画，对不同朝代的石刻都有所研究。在闲暇之时，夫妻二人就写诗怡情。据说李清照将《醉花阴》寄给赵明诚之后，赵明诚看后想要胜过她，便把自己废寝忘食所写的许多诗作同李清照的这首词一并拿给好友鉴赏，其中有三句得到了好友的极大赞赏，这三句就是李清照写的"莫道不消魂，帘卷西风，人比黄花瘦"。

"靖康之变"是李清照人生的一个分界点，"靖康之变"前，李清照的诗句都是美好的，以描写悠闲生活为主。然而，"靖康之变"后，李清照的生活可谓悲苦凄惨。宋高宗继位之后，赵明诚被派到江宁做官，李清照也避难于此，家中值钱的物件都被金兵烧毁砸坏。赵明诚在即将赴任湖州知府的时候不幸患病，与世长辞。

丈夫的离去对李清照打击很大，之后她去投奔弟弟。后来，李清照在返回越州的途中，随身携带的物品也毁于一旦。面对这国破家亡的惨状，李清照的词风也发生了明显的变化。李清照后期所写的词大多慨叹身世，情调感伤，有时也流露出对中原的怀念。

之后，李清照不断对赵明诚所撰的《金石录》进行完善，并作《金石录后序》。李清照有《易安居士文集》《易安词》，已散佚。后人有《漱玉词》辑本。大约在公元 1151 年，李清照怀着对死去亲人的绵绵思念和对故土难归的无限失望，在极度孤苦、凄凉中悄然辞世。

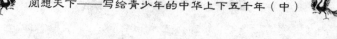

韩世忠抗金

公元 1129 年，完颜宗弼作为金军的将领攻打南宋。这时，宋高宗四处逃亡，金军仍然穷追不舍。金军在追击的过程中遇到了狂风暴雨，便放弃了追赶，向北方撤军，撤退的时候还不忘烧杀抢掠。南宋的大将韩世忠对金军的行为非常气愤，决定率领军队抗击。

韩世忠是延安（今属陕西）人，行伍出身，力大无穷，立了不少战功，其夫人也是一位精通武艺的巾帼英雄。韩世忠打探到完颜宗弼军队的情况之后，将阻击地点选在了镇江，先后派出三路军队驻守，让金军无路可退。为了迷惑金军，韩世忠让手下在上元节（即农历正月十五的元宵节）那天大闹元宵，背地里却调兵遣将，直奔主战场镇江。完颜宗弼等人看到韩世忠的驻军之后准备从镇江撤退，正中了韩世忠的埋伏。

完颜宗弼和韩世忠约定决战的时间，欲和宋军交战。当时韩世忠只带了八千将士，而金军却有十多万人，数量上相差悬殊。交战时，韩世忠的夫人亲自上阵，不断擂鼓助威，士兵们士气大增，竟然占了优势。金军看到形势不妙，逃到了黄天荡（今江苏南京市东北），黄天荡虽然地势比较险要，但却难以从此处逃脱。于是，完颜宗弼等人就向韩世忠军队求和，并且承诺献上宝马以表诚意，但却遭到韩世忠的拒绝。金兵得知完颜宗弼等人被困，前去营救，却遭到了韩世忠的伏击，落荒而逃。完颜宗弼等人没有办法，又去求和。韩世忠要求金军放了大宋的两个皇帝，归还被侵占的疆土。完颜宗弼没有答应，直接回到了营地。

经过了四十八天的相持，金军粮草缺失，大臣们在万分紧急的情况下商议出路。有人认为黄天荡只是一条河道，可以用人力挖通逃脱。于是金军连夜挖通了河道，乘着小船逃跑了。韩世忠率领军队追击，没想到敌人抢先一步逃走了。

虽然韩世忠没有大获全胜，但这次以少胜多的战争仍被传为佳话。

钟相、杨么起义

南宋建立以后，金军多次骚扰南宋的边境地区。南宋屡屡向金军委曲求全，百姓受苦受难，金军更加肆无忌惮，仍不断侵宋。在完颜宗弼等人进行了一系列抢夺之后，孔彦舟带着士兵又进行了一轮盘剥。孔彦舟的做法激起了民愤，很多农民纷纷起义。钟相是武陵人，曾经和民兵一起抗击过金军，但是朝廷并没有因此而善待他。自那时起，钟相就自己回到家乡组织农民，他宣传巫教，自称老爷，世称天大圣。他看到朝廷上下的大臣被分为三六九等，就跟手下的民众说："我就是要人人平等。"他的这番言论使他受到了人们的拥戴。

公元 1127 年，钟相组织民兵三百人，命其子钟子昂率领这些人北上抗金。这支队伍还未与金兵接触，就被刚即位的宋高宗赵构下令遣返。钟相便以这支队伍为基础，筹划起义。金兵渡江南犯，官兵和溃兵到处烧杀抢劫，南方人民陷于水深火热之中，各地先后爆发了农民起义。公元 1130 年，钟相率众起义，保卫家乡。钟相被推为楚王，年号天载。南宋朝廷对钟相的起义军十分恐慌，于是多次派人镇压起义军。被派来镇压起义军的孔彦舟知道正面攻打钟相必定会失败，就派了一组奸细混入起义军中，他们里应外合，一举消灭了钟相的军队。钟相被捕，遭到杀害。

之后，起义军的首领变为杨幺（yāo，"幼小"的意思）。杨幺原名为杨太，因为在起义军诸首领中年纪最小，所以被称为杨幺。几年之后，朝廷派遣程昌寓镇压起义军。有一次，程昌寓指挥水兵对起义军进行攻击，由于战船难开，竟然搁浅了，无法动弹。起义军趁机反攻，最终南宋的战船都落到了起义军的手中。不久之后，杨幺被推为总首领，他的军队在洞庭湖附近建立起了新的政权，队伍的人数也增长到了二十万。在起义军占领的地区，人民的生活风调雨顺，出现了一派兴旺的景象。

朝廷将杨幺的起义军看作心头大患，欲除之而后快。有一天，洞庭湖的边上出现了几艘大船，但是却不见士兵，朝廷的官兵对这些船没有在意。一段时间之后，大船中却出来了成千上万的起义军。这次战役中，起义军消灭朝廷的官兵一万多人。后来，南京朝廷多次招降杨幺的起义军都没有成功。最终杨幺因叛徒黄佐、杨钦出卖，被岳飞打败，他投水未死，后被俘并遇害。

秦桧入朝

金太宗在完颜宗弼回到北方之后，在宋和金的中间又扶植了一个新国。金太宗立宋朝的降官刘豫为皇帝，建都大名，后迁汴京。刘豫政权实际上是一个傀儡政权，金国的大将完颜昌攻打楚州，被俘到北方的秦桧（huì）此时已成为他的亲信，并随金军来到了楚州。完颜昌便放秦桧回宋议和。秦桧回到南宋之后，说自己是杀死了金国的看守才得以逃脱的，虽然大臣们都怀疑秦桧的话，但宰相范宗尹和秦桧却有多年的交情，他们也就不敢再多说什么了。秦桧劝宋高宗归降于金或与金议和，由于宋高宗早有议和的心思，就把秦桧看作是一介忠臣，宋高宗很快就赐封秦桧较高的官职。

不久之后，秦桧将范宗尹排挤出朝堂，自己做起了宰相。由于秦桧当上宰相之后，所推行的政治方针并没有取得太大的成果，宋高宗对秦桧的信任程度也就有所降低，于是，宋高宗罢免了秦桧的宰相官职。公元1132年，刘豫将都城迁到了汴京，金傀儡伪齐军经常侵犯南宋的边境。公元1134年，南宋派遣大将岳飞攻打金傀儡伪齐军。很快，岳家军就攻占了襄阳等六郡，而且收复了襄阳。金兵被岳飞打得狼狈不堪。

公元1135年，金太宗去世，金熙宗即位，这时金国的主事官员为完颜昌。公元1137年，刘豫政权已经没有利用的价值了，于是，金国将刘豫废黜为蜀王，他迁居临潢而死。公元1138年，南宋定都于临安。金国愿意和南宋议和，并且答应归还陕西、河南等地。听到这一消息，宋高宗喜出望外，他重新重用秦桧，使秦桧再次回到宰相的位置。后来，宋高宗遇事只和秦桧一人商量。

其他的大臣看在眼里，十分不满，他们对宋高宗说："金国是想将您变成刘豫一样的傀儡。"听到这样的话，秦桧震怒，他不断上书，弹劾进言的大臣。宋高宗议和的决心已定，就将反对议和的大臣贬官。首次议和由于金国内部发生政变没有成功。公元1140年，宋金重新议和，终于达成了和议，南宋向金称臣。

战无不胜的岳家军

　　岳飞，字鹏举，相州汤阴（今属河南）人，是南宋著名的将领。岳飞从小就非常好学，为人十分和顺。他长大之后熟读兵书，二十岁左右就参军打仗，在战场上立了很多战功。他领导的岳家军有着铁一样的纪律，不拿百姓的一针一线。他们在战场上作战勇猛，敌人听到岳家军都闻风丧胆。当时流传着一句话："撼山易，撼岳家军难。"

　　岳飞一生致力收复失地，保卫祖国。公元1130年，金军完颜宗弼打了败仗要渡江向北逃亡，没想到路上遇到岳飞的军队，只好在清水亭应战。在岳家军和韩世忠的默契配合之下，金军被杀得横尸遍地。之后，完颜宗弼等人直奔建康，却又中了岳飞的埋伏，伤亡惨重。岳飞便在此时收复了建康。

　　岳飞曾多次上书宋高宗，要求出兵讨伐金军，但却遭到秦桧等人的阻挠。最终宋金议和，宋朝每年要向金朝纳贡，尊严尽失，这就是历史上的"绍兴和议"。

　　不久，金朝内部发生政变，完颜宗弼杀完颜昌，大举攻宋，南宋大片的土地沦为金朝领土。危急之时，岳飞兵分几路迎战金朝，金军败退。完颜宗弼等人召集了多名将领与岳飞决战，岳飞派儿子岳云迎战，杀得金军落荒而逃。完颜宗弼的拐子马远近闻名，加大了战斗力。岳飞了解了这种战术之后，将其破解，金军又一次大败。完颜宗弼看到自己的战术不起作用，放声大哭。

岳飞对儿子说："敌人的战术都被我们识破了，他们必然会改变战术，你需要去颍昌（今河南许昌市）支援。"果然如岳飞所料，金朝的军队去攻打颍昌，而岳云早就在此伏击，完颜宗弼军队损失惨重。岳家军不仅被当地的百姓佩服，更被金军钦佩。此次战斗，岳家军取得胜利后，他们抗击金军的士气逐渐高涨，局面可谓一片大好。

秦桧陷害岳飞

宋军在和金军的战争中获得了胜利，本来想乘胜追击，但是却遭到秦桧的百般阻挠。秦桧是南宋朝廷中主张议和的代表，岳飞知道后，多次上书，称此时金军士气大减，乘胜追击必然能收复很多失去的城池，不可错失良机。

秦桧知道岳飞的抗金决心，就先将韩世忠等将士调回朝廷，留下岳飞孤军奋战，岳飞被迫班师回朝。当时，秦桧还怂恿宋高宗下令将岳飞召回，因此，宋高宗以十二道金牌（宣布紧急命令的凭证）下令退兵。这时金军完颜宗弼已决定离开汴梁，但是在得知岳飞要回朝的消息之后，完颜宗弼便决定继续等待时机。

秦桧曾经是北宋的一个大臣，宋徽宗和宋钦宗被俘时，他和他的妻子也被俘了。秦桧为人阴险毒辣，又十分会看风使舵，于是他被俘后成为金太祖族弟完颜昌的亲信。在完颜昌南侵的时候，秦桧和妻子被完颜昌遣归南宋，投奔宋高宗。宋高宗本来就主张议和，正好与秦桧的意见一致，秦桧很快就升了官。岳飞一心抗金，被秦桧看作是心腹大患，秦桧想尽各种办法，使出各种阴谋来阻止岳飞抗金。

完颜宗弼知道秦桧的所作所为之后，给他写密信，让他除掉岳飞，只有这样，金朝才肯答应和南宋议和。秦桧利用万俟卨（mò qí xiè）诬陷岳飞，强加给岳飞很多无中生有的罪名。回临安后，岳飞被解除兵权，任枢密副使，但是秦桧还是不肯善罢甘休，多次煽动大将张俊来诬告岳飞，称岳飞要密谋收回兵权。宋高宗听到岳飞要夺取兵权之后，十分惊慌，就把岳飞和岳云等人抓到监狱中。秦桧先后派了不同的人去审讯岳飞，没有审问出任何岳飞不忠的证据。秦桧绞尽脑汁，编造了各种罪名，最终以"莫须有"的罪名将岳飞定罪，可是"莫须有"三个字如何能让世人信服呢？

在一个寒冷的冬天，岳飞与其子岳云及部将张宪同被杀害，最终铸成了千古奇冤。岳飞的冤狱在宋孝宗即位后才得以昭雪。

虞允文抗金退敌

金国完颜亮称帝后积极攻打南宋，而此时的宋高宗对议和的局面比较满意，无心抵抗。公元 1161 年，完颜亮率领大批兵马进攻南宋，并占领了两淮地区。宋军无力抵挡，金军直逼采石。

淮西宋将王权落荒而逃，淮东刘锜（qí）将军也败退江南，江淮失守，朝廷上下人心惶惶。宋高宗见到此种情景准备逃跑避难，一些大臣极力劝阻。宋高宗无奈，派虞允文作为中书舍人参谋军事。叶义问传达宋高宗旨意，派虞允文慰问士兵。这时，金军已经蓄势待发，准备渡江作战。而此时宋军竟然没有主帅，一些士兵已经脱掉了铠甲，散坐在地上。见此情景，虞允文决定先振奋士气，他说："我奉朝廷的命令而来，只要大家勇敢杀敌，朝廷就会论功行赏。"士兵们听到此话，精神得到了极大的鼓舞，决定和金军决一死战。

虞允文只是一介书生，但是他却时刻将国家的安危放在心上，虞允文毅然督战，受到士兵的拥护。虞允文了解战况后，得知金军人数众多，而宋军兵马较少，敌众我寡的形势一目了然。虞允文迅速排兵布阵，将战船分为多个队伍，就连港汊中都安排了士兵，随时准备增援主力军。

　　不久金军就开始渡江。这时，虞允文鼓励大将时俊积极迎敌。时俊受到鼓舞，挥刀杀出阵去，士兵们的士气也被带动起来。双方交战到日落时分，金兵已经伤亡一半以上。在战争进入到相持阶段时，其他地区的宋军路过此地，正好成为虞允文的援军。完颜亮的军队在看到宋军援军到来后，不知所措，完颜亮为了阻止慌乱，杀了很多士兵，但最终金军大败。后来，金军主张和南宋议和，持续多年的战争得到了短暂的平息。

辛弃疾生擒叛徒

辛弃疾，字幼安，历城（今山东济南）人。他从小就失去了父母，一直跟随着祖父讨生活。其祖父辛赞对宋朝忠心耿耿，一直想着报效朝廷。在辛弃疾年少的时候，辛赞就教导辛弃疾以后要对抗金人，因为金人占领了宋朝的大部分江山。辛弃疾二十一岁的时候，海陵王完颜亮南侵，才识过人的辛弃疾投奔了耿京领导的抗金义军。此时，耿京的军队人数已经达到二十五万，所到之处，金军都闻风丧胆。耿京很看重辛弃疾，让他担任要职。

辛弃疾和僧人义端是朋友，辛弃疾说服义端加入耿京的队伍，共同抗击金朝的军队。随着义端的加入，耿京的队伍又扩大了。然而，义端并不是屈居人下的人，没过多久，他就将耿京的大印偷走，准备自立门户。耿京认为这件事和辛弃疾脱不了干系，要将辛弃疾斩首。辛弃疾恳求耿京给自己一个将功折罪的机会，让他去征讨义端。耿京便给了辛弃疾一个机会，辛弃疾最终不负众望，追上了义端，成功将大印夺回。

金世宗登基之后，大赦天下。然而，这一政策只是一个诱饵，他希望能够借着这个机会对一直造反的起义军进行清剿。耿京的军队为了抗击金朝，决定和南宋朝廷联合作战。宋高宗十分欢喜，接受了耿京的要求，并任耿京为天平节度使。后来，耿京被叛徒张安国杀死，起义军逐渐瓦解。辛弃疾见到如此情景十分痛心，下决心要为耿京报仇。于是，辛弃疾带领数十名将士夜袭金营，活捉了张安国，为耿京报了仇。

宋高宗退位后，宋孝宗继位。很多嫉妒辛弃疾的大臣都在皇帝面前诬陷辛弃疾，辛弃疾知道自己已经无法得到皇帝的信任，心中十分悲痛。辛弃疾在建康作了著名的词《水龙吟·登建康赏心亭》，在这首词中，辛弃疾表现出了自己对国家的忧虑，同时也表达了自己报国无路的伤痛。辛弃疾的词豪放不羁，受到了世人的喜爱。人们经常把他的词和苏轼的词放在一起比较，并称他们为"苏辛"。

辛弃疾郁郁不得志

辛弃疾和陆游都是南宋时期著名的词人，同时也是反对投降的主要代表。辛弃疾，字幼安，号稼轩。在他出生的时候，金朝就已经占领了北方大部分的土地。辛弃疾年幼的时候父亲就去世了，他跟随着祖父长大。祖父辛赞对辛弃疾寄予了厚望，希望他能够好好做人，报效祖国。辛弃疾不仅精通诗文，武艺也非常高超，他从小就立志要抗击金朝。

公元 1161 年，金朝完颜亮举兵南下，想要统一江南地区，中原众多百姓纷纷起义。辛弃疾二十一岁参加抗金义军，投奔了耿京。耿京是山东地区影响最大的起义军首领，对辛弃疾十分器重，并对辛弃疾委以重任。同年，完颜雍继位，对起义军以劝降为主，他集中精力调兵遣将，不时采取镇压的政策。面对此种情景，耿京的起义军决定和南宋军队配合，共同抗敌。宋高宗同意了，并且任命耿京为天平节度使。

不久，起义军中出现了内奸，起义军领导者耿京被谋杀。反叛者张安国率领一部分军队投降了金军，并受到金兵的重视，封了官职。听到这一消息，辛弃疾十分悲痛，他带领一支精锐部队，活捉张安国。在敌方的营帐中，辛弃疾劝诫跟随张安国投降金军的将士归顺南宋。其中很多将士都是耿京的老部下，他们深受感动，投靠了辛弃疾。辛弃疾的这一行为在南宋的朝野之中极为轰动，得到了宋高宗的称赞。

之后很长一段时间，辛弃疾都在南方做官，朝廷中的主和派曾一度占据上风。宋孝宗继位后，南宋和金朝还签订了"隆兴和议"。忧国忧民的辛弃疾向宋孝宗提出了建议，提出了克敌制胜的战术，但并没有受到宋孝宗的重视。因此，这一时期，辛弃疾的词风多表现为壮志难酬。辛弃疾曾长期落职闲居于江西上饶、铅山一带。公元1207年，辛弃疾去世，终年六十七岁，其代表作《稼轩长短句》受到后人的一致好评。

隆兴北伐

宋孝宗还是皇子的时候，和南宋大将岳飞的感情很好，他们都十分痛恨奸臣秦桧。宋孝宗即位之后为岳飞翻了案，并且追谥武穆，同时将秦桧党羽逐出朝廷。

宋孝宗召见了抗金将士张浚，张浚向宋孝宗提出了应该重用人才的意见，宋孝宗立即重用了陈俊卿和王十朋。宋孝宗的老师史浩劝诫宋孝宗应该首先保全四川，放弃秦凤、熙河等地区，宋孝宗听从了他的主张。一些持反对意见的大臣都被宋孝宗贬了官，正在赶往前线的虞允文不得不班师回朝。然而，吴璘率领的军队在回来的路上却遭到金军的埋伏，损失惨重。虞允文回到朝中，急切地向皇帝分析了当前的战事，他认为宋军占有天时地利，不应该停止作战。这时候，宋孝宗才改变了主意，同时，他对史浩的信任程度也逐渐降低，但是由于史浩的地位稳固，所以宋孝宗对他仍有所忌惮。

后来，宋孝宗封张浚为知枢密院事，管辖兵马，进行北伐，这次战役被称为"隆兴北伐"。南宋派遣将士李显忠和邵宏渊等人兵分两路进行北伐，这时史浩提出了辞去官职，他本想借机阻止北伐军，但是却受到王十朋等大臣的指责。最后，宋孝宗将史浩贬官。北伐军大捷，消息传到朝廷中，君臣都精神振奋。

邵宏渊没有在战争中立下战功，对李显忠十分妒忌，在很多事情上，邵宏渊都不主动配合李显忠。另外，李显忠犒劳将士们的金银很少，宋军的作战士气非常低落。不久，金军来犯，邵宏渊按兵不动，还对众人说风凉话，导致宋军军心涣散。宋孝宗下令撤军，但是，他还没来得及拟诏，金军就已经攻进来了。有人散播谣言说金军来犯，宋军不战自溃。李显忠虽率兵抵抗，但寡不敌众。宋孝宗看到兵败已成定数，就答应和金军议和。公元1164年，"隆兴和议"签订，南宋对金称臣，每年都要进贡。南宋仍然处于不平等的地位。

程朱理学

宋孝宗继位后决定整顿朝纲，以收复失地为己任，并且听取大臣们的意见。当时，朱熹在奏章中提出了议和的危害性，并且劝谏宋孝宗应该多读书，全心全意管理国家。

朱熹是南宋时期著名的哲学家和教育家，他从小勤奋好学，思想独到。朱熹的父亲朱松在他很小的时候就教他读书写字，朱熹成为当时不可多得的优秀人才。

公元 1163 年，朱熹任国子监武学博士，到临安上任做官。当时，朝廷的主和趋势占据上风，朱熹接受不了这样的为官环境，于是辞职回家。过了约十年，朱熹重新做官主持政务。朱熹任职期间在白鹿洞书院教课，给学生们讲授知识。此时，朱熹的学说逐渐成熟，影响范围很广。朱熹继承和发展了程颢（hào）和程颐二人的学说，并且建立起相对完整的哲学体系。

众所周知，儒学经过了多年的发展，在不同的统治时期，统治者所遵循的儒学也有所不同。宋代的儒学推崇者注重天道义理，因此这一时期的儒学也被称为理学。理学的先驱非周敦颐莫属，二程也为理学的发展做出了贡献。理学认为"天理"是独立存在的，顺之者昌，逆之者亡，朱熹还提出了·"存天理，灭人欲"的主张，他认为"理"和"气"相存相依，不可分离。二程和朱熹的学说被后人并称为"程朱理学"。

朱熹的理学包含着辩证法的理论，他认为天下事物都是一分为二的，既有统一的方面，也有对立的方面，二者相互联系，他将人类的自我完善看作是极为重要的方面。公元1189年，宋光宗继承了皇位。在此期间，朱熹重建了岳麓书院，给求学的学生提供了学习的空间。朱熹还被宰相赵汝愚推荐去当侍讲。由于宋宁宗继位后赵汝愚与韩侂（tuō）胄争权落败，因此，朱熹也受到了牵连。从此朱熹的学说被认为是"伪学"，这也就是历史上有名的"庆元党禁"。

公元1200年，朱熹去世。不久之后，朱熹的学说得到了社会各界人士的重视，逐渐成为统治者的统治思想。

陆游写《示儿》

陆游是南宋时期著名的诗人。南宋朝廷满足于偏安，军民都十分不满意。在这一时期，文坛诗人们的作品多以抗金为主题。

陆游，字务观，号放翁。陆游出生后不久，就爆发了"靖康之变"，朝廷的局势十分动荡，其父亲被免去了官职，全家被迫南迁。陆游的父亲虽然身在家中，但是却十分关心国家大事，他的很多志同道合的朋友也常常忧国忧民。陆游从小就受到父辈们爱国情感的影响，立志要保卫国家。

绍兴年间，陆游参加科举考试，成绩名列前茅，但是由于名次排在秦桧孙子的前面，被秦桧悄悄除名了，直到秦桧死后陆游才被授予官职。公元1162年，宋孝宗继承皇位，任用张浚为知枢密院事，决定北伐抗金。但是北伐抗金并不顺利，宋军节节败退。皇帝很生气，就处罚了相关将领，陆游也受到了极大的牵连，最后回到了山阴老家。

公元1170年，陆游再次被任用，出任夔（kuí）州通判。夔州是一个偏远的小县，要到达此地需要经过很多地区。陆游一路上游山玩水观看美景，并一路体验民情民俗，因此眼界十分开阔。他进入夔州之后，写下了《入蜀记》，共有六卷，他在文章中对一路的见闻进行详细地描写，并且表达了自己对祖国大好河山的热爱之情。

公元 1172 年，陆游入四川宣抚使王炎幕府，从此过上了军旅生活。这段时间对陆游的创作有很大的影响，一些充满爱国之情的诗篇多是此时创作的。不久，陆游改任成都府路安抚司参议官，随后又到四川多个地方担任官职。陆游和著名的诗人范成大同时镇守四川，二人本来就相识，性格相似，因此，常常在一起谈论国事，写诗创作。由于陆游反对投降，受到了朝廷中奸臣的压制，不久就被罢官回到了老家。公元 1210 年，陆游病逝，临终前作《示儿》，此诗被后世广为传颂。

李凤娘掌权

公元 1189 年，宋孝宗禅位于宋光宗。宋光宗没有治国的才能，也没有杀敌卫国的志向，再加上皇后李凤娘对皇帝不断施加压力，宋光宗渐渐成为傀儡皇帝，皇后李凤娘开始掌权。李皇后主张打压辛弃疾等人，对朝廷中的主和派大臣进行提拔。

李凤娘掌权之后，对娘家人十分照顾，不仅下令大修李家宗庙，还派遣很多将士把守，浪费了很多钱财。李凤娘十分妒忌后宫中长得漂亮的女人，有一天，宋光宗称赞端水盆的宫女的手很细腻，李凤娘竟然下令砍掉了那名宫女的手，并且将其装到食盒中送给宋光宗。

李凤娘更不能忍受其他的嫔妃得到宋光宗的宠爱。皇宫中的黄贵妃较为得宠，有一次祭天仪式，晚上嫔妃们都住在一起。李凤娘便趁着这个时候对黄贵妃施以毒手，最后杀死了黄贵妃，将尸体草草掩埋。宋光宗知道后十分难过，再加上去祭天的时候遇到狂风暴雨，受到了惊吓，就生了一场大病。宋孝宗来看望宋光宗，责骂李凤娘说："如果皇帝有个三长两短，你们全家都要跟着陪葬。"李凤娘趁着宋光宗大病，将张贵妃、符婕好等人都赶出了皇宫。不久之后，宋光宗的病情好转，当他知道宋孝宗对李凤娘说的那番话之后，反而对宋孝宗十分怨恨。然而，当宋光宗听闻张贵妃等人的事后，就决定废掉李凤娘的皇后之位。可是大臣们反对废后，这件事也就不了了之了。

宋光宗的病痊愈之后，李凤娘就时时刻刻挑拨皇帝和宋孝宗之间的关系。许久不去探望宋孝宗的宋光宗终于听从大臣们的意见去看望宋孝宗，但是，宋光宗刚刚登上车辇，就被李凤娘拉了回来。李凤娘以天气太冷为借口，要求他留在宫中。大臣陈傅良连忙劝谏，说应该去拜见一下太上皇，李凤娘却对陈傅良大声斥责。情急之下，陈傅良进入到屏风中劝谏宋光宗，差点儿被李凤娘拉出去砍头。

公元1194年，宋孝宗孤独地死去，宋光宗却不愿意主持父亲的葬礼。同年，赵扩登基，史称宋宁宗，李凤娘掌权的时代由此结束。

贾似道误国

蒙古和南宋一起灭掉金国之后，蒙古却要攻打南宋。自此，南宋和蒙古之间展开了长达数年的战争。蒙哥取得了蒙古汗位之后就派忽必烈和兀良合台一起进攻云南。公元 1258 年，蒙哥打算兵分三路进攻合州钓鱼城（今重庆合川区东）、鄂州（今湖北武汉市武昌区）和潭州（今湖南长沙），在战争胜利后，三路军队再会师，最后直奔临安。

但是，公元 1259 年，蒙哥的军队在合州钓鱼城却受到重创，他自己也身负重伤，回到营地之后不久，蒙哥就去世了。忽必烈得知蒙哥战死的消息之后，愤怒之下强渡长江，在南宋军队没有任何防备的情况下，一举击溃了宋军，占领了鄂州。战报传来之后，宋理宗派遣右丞相贾似道领兵救鄂州。

贾似道倚仗自己的姐姐是贵妃才得以在朝中任职。做官之后的贾似道整天喝酒作乐，不理政事。朝中大臣都对贾似道的行径表示不满，宋理宗却对此视而不见。现如今，前方战事告急，贾似道只好硬着头皮前去。他胆小如鼠，到达前线之后，贾似道背着朝廷和其他的将军，偷偷地派遣自己的亲信到蒙古大营中议和，并且跟蒙古承诺，如果他们能够退兵，南宋就可以向蒙古称臣，并且每年都有供奉。这时，蒙古部落正有急事，忽必烈必须返回蒙古，因此就草草地答应了这一要求，撤兵回去了。

回到朝廷之后，贾似道并没有告诉皇上他和忽必烈之间的协议，而是称战事大捷，蒙古撤军。皇帝听后不禁大赞贾似道，还给他加官晋爵。一段时间之后，忽必烈的势力暂时稳固，他就派遣使者到南宋履行约定。使者首先联系了贾似道，贾似道怕事情露馅，就私自将使者扣押。忽必烈得知此事之后，十分气愤，但是由于内部事务还没有忙完，就暂时放下了南宋的事。

宋理宗死后，宋度宗即位。公元1271年，忽必烈定国号为元，称元世祖。忽必烈以南宋不履行约定为理由出兵攻打南宋，宋军由于实力不敌连战连败。贾似道将前线宋军战败的消息封锁，没有告诉宋度宗，宋度宗对于前线的消息毫不知晓。忽必烈大军压境，局面已经不受控制。后来，贾似道的亲信举报了他，最终，贾似道被革职放逐，后被监送人所杀。

辽·金·西夏

辽国内乱

耶律阿保机登基之后，自封天皇帝，他的妻子为地皇后，耶律倍被立为太子。但是，皇后对立太子的事十分不满，主要是因为皇后十分喜爱次子耶律德光，有让次子出人头地的念头。但是，她在耶律阿保机面前也不敢大肆声张。

公元926年，耶律阿保机灭了渤海国后不久就病逝了。耶律阿保机的妻子看到了可以让次子当皇帝的机会，于是就以给先皇陪葬的借口，杀死了很多大臣。她对于太子继位的事一拖再拖。耶律倍对母亲所做的一切都看在眼里，他很清楚，自己不讨母亲的欢心。

有一次，皇后选择了一位大臣去给先皇陪葬。这位大臣十分不愿意，就反过来质问皇后说："能给皇帝陪葬的人都是先皇身边最为亲近的人，为什么皇后不去陪葬呢？"皇后听到这话之后，十分镇定地装出一副可怜的样子说："我何尝不想去陪先皇，可是这国家大事该怎么办呢？"于是，为了表示自己的忠心，她竟然将自己的右手砍下，给先皇陪葬了。大臣们看到之后，都不敢再有什么怨言了。很多大臣都见风使舵，让耶律倍让出太子的位置。耶律倍一想到母亲割腕陪葬的事就不寒而栗。于是，耶律倍同意让弟弟耶律德光继位当皇帝。

没想到，耶律德光继位后仍然不肯放过耶律倍，最终将耶律倍软禁起来。耶律倍受不了这种侮辱，逃到了后唐。后来，耶律德光在中原称帝，改国号为辽。中原各地区得知这一消息后，纷纷起兵攻打辽国。辽国的战事连连失败，于是耶律德光仓皇地向家乡逃去。然而，他在逃跑的途中却不幸病死了。这时，一些大臣趁机推举耶律倍之子耶律阮为皇帝。然而却遭到了皇太后的强烈反对。后来，迫于压力，皇太后勉强同意了大臣们的请求。

耶律阮登基后，封耶律安端之子为泰宁王。但是，泰宁王为人奸诈狡猾，有造反之心，最终，他杀死了皇帝和皇太后。后来，耶律璟称帝，却残暴至极。耶律璟死后，耶律阮的儿子耶律贤继位，他就是辽景宗，这时辽国的内乱才渐渐平息。后来，萧太后摄政，辽国得到了空前的发展。

萧太后掌权

  辽国的萧太后是众所周知的女英杰，她曾经在小皇帝的背后执掌朝政，令辽国上下无不敬服。萧太后本名萧绰，不仅人长得漂亮，而且气度不凡。萧太后的小名叫燕燕，她是北院枢密使兼北府宰相萧思温的女儿，是辽景宗的皇后，辽圣宗的母亲。萧太后从小就勤奋好学，聪明过人，深得父亲喜爱。后来，萧思温在朝廷中屡立大功，皇帝常常来萧家探望，于是，便看到了萧绰。不久之后，皇帝就宣她入宫，册封她为皇后。

  辽圣宗即位后，萧太后摄国政，由于萧太后的政策很有效，辽国的经济和政治都得到了空前的发展。萧太后摄政期间，她对辽国农业的发展十分重视，不仅减免赋税，还对流离失所的农民进行了妥善的安置。同时她还进行了大刀阔斧的改革，提出很多惩处贪官的法令。从短短几年的执政中，大臣们就看到了萧太后的才能。

  公元 1004 年，萧绰亲自调兵遣将，率领精锐部队南下，准备攻打宋朝。辽国获得了很多场胜利，很多部落和联盟都愿意向辽国俯首称臣。看到这种情景，宋朝的官员很是震惊，一时之间没了主意。

宋朝朝中只有寇準头脑还保持着清醒，于是建议宋真宗赵恒亲征，增长士气。后来，赵恒率领宋军和辽国的萧太后对战。萧太后知道灭宋难度很大，于是和大臣们商量之后决定撤兵。后来，辽宋两国议和，并签订了历史上著名的"澶渊之盟"。从此以后，宋朝每年向辽国纳供。这样一来，宋朝和辽国难得地出现了短暂的和平。萧太后趁着这一时期休养生息，全面发展辽国的农业，并且在朝政上继续改革，最终实现了经济、政治、文化的全面发展。

公元 1009 年，萧太后将执掌朝政的权力还给了儿子耶律隆绪，自己深居内宫。后来，萧太后患重病去世，享年五十六岁。

李元昊建立西夏

　　党项族是宋朝西北方的部族，首领李继迁曾经独霸一方，常常骚扰宋朝的边境。李继迁的儿子李德明是西平王兼定难军节度使。李德明领导党项族之后，不主张攻打宋朝，而是与宋朝重归于好。这样一来，宋朝的西北边境得到了数十年的安定。

　　宋仁宗即位后，李德明还是对宋朝十分忠心。李德明的儿子李元昊（hào）从小不仅爱读书，而且喜欢研究汉文化，他从小便立下了远大的志向。长大之后，李元昊多次领兵打仗，并占领了多个地区，提升了党项族的总体实力。后来，党项族的统治范围延伸到了河西走廊一带。李德明对李元昊十分欣赏，后来，他册封李元昊为太子。

　　但是，李元昊反对称臣于宋朝，于是对父亲李德明说："我们党项一族，怎么可以因为一些金银财宝而成为他国的附庸呢！"李元昊不愿意屈居于宋朝之下，于是他不断积聚力量，扩张领土，打算建立新的国家。公元 1032 年，李德明去世，李元昊嗣夏王位，他准备直接摆脱宋朝的统治，建立新的国家。可是这一计划受到了很多贵族的反对，有些贵族甚至有心杀了李元昊，但都被李元昊识破。

李元昊知道宋朝对党项族也有些惧怕，于是就加快了对宋朝的进攻。党项族的李姓是唐朝皇帝赐予的，为了和中原撇清关系，他将姓氏改成了"嵬名"，自称"兀卒"（吾祖）。他下令长期保留党项族的剃发习俗，有一段时间甚至强制执行这项政策。这样的政策不仅增强了党项族人民的民族意识，同时也在一定程度上加强了民族的内部团结。

之后，嵬名元昊下令建造宫殿，并且仿照宋朝的官制设置文武百官。在这一过程中，很多汉族的有识之士都得到了嵬名元昊的重用。久而久之，嵬名元昊的势力更加强大了。公元 1038 年，嵬名元昊登基称帝，国号为大夏，定都兴庆府，史称夏景宗。同时他还建立太学，推广孔孟之道。

完颜阿骨打进攻辽国

在北宋逐渐衰败的时候，女真族却越来越强盛。女真族一直生活在松花江、黑龙江下游一带。后来，辽国把一部分女真族迁到自己的势力范围当中，女真族便有了派别的划分，即"熟女真"和"生女真"。

生女真一直以来都备受辽国的迫害，每年都要向辽国进贡奇珍异宝。生女真中有几十个部落，其中势力较强的一个就是完颜部落，这一部落的势力范围非常广。有一年，完颜部落出现了粮荒，盗贼增多。完颜乌雅束当首领的时候，完颜阿骨打提出现在应该让百姓休养生息，减免他们的赋税。于是，完颜乌雅束接受了他的建议，这也使得完颜阿骨打赢得了民众的拥戴。

有一次，辽天祚帝要接见女真族的各个首领。在宴会上，天祚帝竟然让首领们跳舞。由于完颜乌雅束重病在身，于是就让完颜阿骨打代替自己参加宴会。但是，其他首领在跳舞的时候，完颜阿骨打就是不跳。辽天祚帝认为完颜阿骨打是一个不可控的潜在威胁，就想找机会杀掉完颜阿骨打以绝后患。在完颜乌雅束去世之后，完颜阿骨打担任了完颜部首领的职位。然而，辽国却借口完颜阿骨打没有将完颜乌雅束去世的消息告诉辽国，而责备于他。后来，辽天祚帝多次召见完颜阿骨打，完颜阿骨打始终称病，不肯前去。为此，二者之间的矛盾愈演愈烈。

公元 1114 年，完颜阿骨打率军攻打辽国，经过激战，辽军大败。完颜阿骨打的军队实力不断增加，次年在会宁（今黑龙江省哈尔滨市阿城区南白城）称帝。称帝之后，完颜阿骨打将自己国家的国号定为金，完颜阿骨打即金太祖。

后来，完颜阿骨打的实力得到增强，于是举兵攻打辽国。辽天祚帝大为惊慌，派兵前去迎战，不料兵败。从此以后，辽国再没有力气抗击金军了。后来，金朝和宋朝签订了"海上之盟"，约定共同抗击辽国。在战争中，金朝占了大便宜，而宋朝则只得到了几座小城池。后来，完颜阿骨打在战争途中病逝，金太宗继位。

海陵王发动政变

完颜阿骨打的孙子完颜亮即海陵王，其父亲是完颜宗幹。海陵王和金熙宗一起长大，关系非常好。金熙宗登基之后，海陵王被封为丞相。有一次，在海陵王生日时，金熙宗派人给他送去了很多赏赐，皇后也赏给海陵王很多东西。皇帝不满皇后给海陵王赏赐，于是就打了送去赏赐的下人并追回了那些赏赐。

海陵王完颜亮得知此事之后，非常惊慌。其实，海陵王完颜亮本来就有谋反之心，这件事后，他怀疑皇上已经不信任自己了，这怎能不令他心慌呢？恰在此时，皇帝将完颜亮贬官，这使得完颜亮更加相信金熙宗不再信任自己了，他对金熙宗开始心生警惕。

此事过后，完颜亮开始积极地与能够和他合作的人联系，以便快些实现自己的目的。有一天完颜亮和左丞相唐括辩说起废旧帝、立新君之事，完颜亮说："真的不得已，除了我还有谁？"于是他便和唐括辩一起密谋策划政变。之后有人告密，完颜亮便设计铲除了告密之人。

后来，完颜亮就开始培植自己的亲信，并联系旧交。同时，完颜亮还得知了很多别人不知道的重要机密。完颜宗幹和完颜宗弼等大臣死后，金熙宗不知所措，惶惶不可终日，完颜亮觉得机会来了。于是他在背后怂恿皇帝，从皇室的宗亲到朝中的大臣，对他们展开大肆杀戮。这使得朝廷大乱，人心惶惶。完颜亮抓住机会发动了政变，最后杀死皇帝，夺得了帝位。

完颜亮迁都

完颜亮称帝之后，积极推动国家政治和经济的发展，这使得国家的实力得到整体上的提升。国家实力提升之后，完颜亮的野心也逐渐增大。当时金国的都城在会宁（今黑龙江省哈尔滨市阿城区南白城），完颜亮觉得这个地方过于偏远，必然会影响到金朝对南宋的进攻。于是，完颜亮就想将都城迁到燕京（今北京市）。

很快，大臣们就将新都城的轮廓和规划图献给完颜亮。当时的人们比较重视阴阳五行说，于是规划图都是按照五行来设计的。完颜亮认为，国家的前途和命运不能够仅依靠五行，只有君王和大臣一起励精图治才能够保障国家的长治久安。很多例子也都证明，只有君王心系着百姓，才能使得国家更为昌盛。

完颜亮丢弃了按照阴阳五行说设计的图纸，而后让大臣张浩按照汉文化设计都城。张浩对汉文化十分感兴趣，在建筑设计方面也有一定的特长。于是，他听到完颜亮要迁都燕京的消息之后就开始积极筹备。张浩设计、修建的燕京城是以正方形为主，分为内城和外城两个部分。其中内城是皇宫所在地，宫殿中气势恢宏，异常壮观。燕京城中各个区域的功能各异，极具设计理念。

　　燕京城修好之后，完颜亮就将都城迁到此处，并把燕京改名为中都。后来，完颜亮还命女真族的人也到这里居住。但是一些女真族不愿迁移，完颜亮就将他们的房子拆掉，逼迫他们迁移。为了帮助迁走的人安家，完颜亮还分给他们土地和金银财宝。自此以后，女真族和汉族之间逐渐实现了大融合。女真族开始学习汉族的文化，汉族也从女真族身上学到了很多之前没有了解到的文化。可见，迁都燕京利在千秋。

"一代天骄"成吉思汗

公元 1206 年，北方的蒙古族推举铁木真为大汗，尊号为成吉思汗。铁木真建立了蒙古汗国。"成吉思汗"在蒙古语中是"海洋"或"强大"的意思。铁木真的父亲名为也速该，据说，他在征讨鞑靼部的时候擒获了部落的首领铁木真。之后，他为了纪念这次胜利，将自己的儿子起名为铁木真。关于铁木真的名字的由来，还有另外一种说法，那就是铁木真出生的时候手中紧握一把凝血，如铁一般坚硬，便由此得名。

铁木真年少时被推举为部落的首领。札木合曾率领部族攻打铁木真。铁木真调兵遣将准备迎战，但却战败。很多将士被札木合俘虏，饱受折磨。札木合的很多部下将其暴行看在眼中，很是不满，于是投奔了铁木真的部队。铁木真虽然战败，但实力却大大增强。铁木真不仅为人宽宏大量，而且仁义，受到了其他部族将士的尊敬。

铁木真在讨伐乃蛮部的时候，很多战马因为长期战争而消瘦了不少，一部分将士担心这样无法再继续作战。而另外一些将士则认为这不是什么大问题。铁木真在综合两方意见后，决定出战。他将一些瘦弱的马匹集合起来，并特意让这些马受惊，受惊之后的瘦弱马匹跑到了乃蛮部的大营中，敌人见铁木真的战马如此消瘦，于是就轻敌了。因此，乃蛮部在与铁木真的战斗中落败了。

公元 1206 年，铁木真成为大汗后，颁布札撒，建万人怯薛，封诸千户，设札鲁忽赤掌行政司法诸事，使得蒙古日益强大。同时，成吉思汗不断征讨一些残余的部族，军事活动的规模日渐扩大。公元 1213 年，完颜永济被杀，完颜珣继位。在成吉思汗的征讨中，完颜珣向蒙古求和，并给了蒙古很多金帛和财宝，金朝从此衰败。成吉思汗随后又征讨了西夏，攻占了花剌子模，占领了中亚的大片土地，至此，蒙古汗国达到了鼎盛时期。

公元 1227 年，"一代天骄"成吉思汗在攻打西夏的时候，病死于六盘山。

西夏覆灭

公元 1038 年，嵬名元昊建立西夏政权，定兴庆府（今宁夏银川）为国都。在西夏的辖区（今宁夏、甘肃西北部和陕西北部、青海东北部和内蒙古部分地区）范围内，不仅土地肥沃，物产丰富，文化也十分繁荣。

成吉思汗的实力得到大幅度提升后，就将进攻的目标定为西夏。他认为金国的势力远比西夏强得多，如果金朝攻下了西夏，不仅可以获得大量的财宝，还可以掌握战略上的重要地位。如果他先进攻金朝，金朝很可能会联合西夏，两面夹击蒙古军，这样就会对他造成严重的威胁。在权衡利弊后，成吉思汗将西夏定为首要攻打目标。目标确立后，成吉思汗就多次派兵讨伐西夏。经过几年的战争，蒙古军终于占领了力吉里寨，后来又占领了兀剌海城，抢到了很多金银珠宝。接下来，成吉思汗对西夏大范围进攻，后来西夏皇帝将女儿嫁给了成吉思汗，战事才得以平息。多年之后，成吉思汗又借口征讨西夏。这次，成吉思汗兵分两路，进攻中兴府。西夏皇帝嵬名德旺受到极大惊吓后去世，这时嵬名睍继位。

　　成吉思汗身经百战，不仅攻下了西凉府、河罗等地，还不顾冬季的严寒，继续派兵攻打灵州（今宁夏灵武）。这时，西夏军队找来了援军，成吉思汗的军队只好撤退。后来，成吉思汗渡过黄河来到东安，然后将军队迁到东南方向，准备攻打中兴府。

　　西夏国力空虚，一片狼藉。成吉思汗兵分两路，一路攻打积石州，一路攻打中兴府。西夏军队此时再无力抵抗蒙古大军，最终西夏为蒙古所灭。公元1227年，成吉思汗重病缠身，终日卧床不起，不久后死于六盘山。

　　在成吉思汗去世之后，受降的西夏王朝贵族被一一诛杀，很多的西夏百姓也遭到了屠戮，西夏王朝就此灭亡。从公元1038年嵬名元昊称帝一直到公元1227年蒙古灭西夏，西夏王朝共统治了一百九十年。

全真道丘处机

丘处机是我国古代的一位著名道士，字通密，号长春子。他是王重阳的弟子，十九岁的时候拜师，辛苦修炼多年，对世事有着很高的见识。当时，宋朝、金国和蒙古汗国的君主都想和他结交，与他论道。

金国末期，道教逐渐发展起来。其中发展最快的就是全真道。全真道主张道、释、儒三教合一，这种主张对人们的思想具有洗涤的作用。因此，当时信奉全真道的人数最多。在丘处机掌教时期，全真道的教徒数量最多。成吉思汗曾经专门派人去请丘处机，想与他论道。

成吉思汗召见丘处机于雪山，成吉思汗在见到丘处机后，就称其为神仙，并且特许他不用行跪拜之礼。丘处机告诉成吉思汗，治国要有方，不能乱杀人，要爱民，要清心寡欲。丘处机能够这样说，主要是因为，他在去成吉思汗营地的路上看到很多蒙古军队烧杀抢夺，百姓处于水深火热中。丘处机希望能够通过与成吉思汗直接交流的方式，用语言感动成吉思汗，阻止他这种滥杀无辜的行为。

然而，丘处机也深深地知道，这一原则虽然说得容易，但是做起来却十分困难。成吉思汗并没有完全听从丘处机的话，但是，他却命人免去了道士的赋税，并赐予丘处机虎符。成吉思汗还封丘处机为"大宗师"，让他总领道教。成吉思汗希望依靠丘处机来提升他在教徒中的威望，同时为统治中原地区做准备。丘处机趁机对全真道进行了全面的改革，使得全真道在当时盛极一时。

丘处机对统治者的很多谏言都是根据当时的社会形势而提出的，具有一定的现实意义。然而，可惜的是，没有君主完全听从过丘处机的谏言。

蒙古军灭金

　　蒙古统一之后征战不断，其疆土范围不断扩大、军事实力不断增强。蒙古汗国攻打西夏后，又把攻击的矛头指向了金朝。公元1211年，成吉思汗派遣大军南下，偷袭金军的战略要地抚州。金军的守将仓皇而逃，成吉思汗大军很快就占领了抚州。在这种情况下，金朝命令完颜承裕主持军务，积极抵御蒙古军。

　　成吉思汗将军队分成了两翼，并亲自率领东路军，占领了乌沙堡、乌月营等地，然后进军野狐岭。蒙古军在浍河堡大败金军，金军的主力被消灭。蒙古军到达金朝的都城后，却立即撤退。西路军由成吉思汗的儿子察合台、窝阔台率领。西路大军在攻占了云中（今大同市）、东胜（今鄂尔多斯市东部）、朔州（今山西朔州市）等地后，也突然退回了大营。其实两路军队只是为了掠夺财宝、充实军队，所以最后会撤兵。

　　公元1213年，蒙古军重新和金军展开大战。在居庸关，两军形成对峙局面，金军不惜重兵把守居庸关，蒙古大军进攻受阻。这时，成吉思汗的军队开始迂回南下，趁机攻打了山西、山东等地。公元

1214 年，金宣宗由于受不了蒙古军队的长期侵扰，就将都城迁到南京（今河南开封市），成吉思汗知道后将军队调集到南方。

随后，木华黎受命继续攻打金朝。为了躲避蒙古军，金朝继续南迁。很多金朝的将领面对这种情况已经无心作战了，于是，木华黎用高官厚禄收买人心，很多金朝将领都归顺了蒙古军队。木华黎的军队南下时一路畅通无阻，攻占了很多城池和土地，金朝已经到了灭亡的边缘。

成吉思汗去世后，公元 1229 年，窝阔台被推为大汗，他不想留下任何隐患，于是决定彻底扫清金朝的残余势力。公元 1234 年，蒙古大军与南宋联合灭金，金朝就此灭亡。

元朝时期

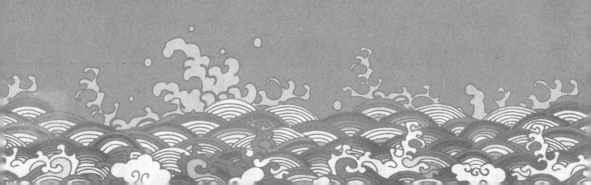

争夺汗位

　　成吉思汗在 13 世纪初期不断地扩张蒙古国的领土，他的长子术（zhú）赤也因为作战有功，获得了从海押立延伸至花剌子模地区的土地作为奖励。经过多年的努力，长子术赤的领土面积不断扩大。后来，随着领土的扩充，成吉思汗也对占领的领土进行了细致的分配，察合台、窝阔台以及拖雷等人都获得了属于自己的土地。

　　蒙古族有幼子继承父业的习俗，即儿子们长大之后都要自己出去奋斗，只有最小的儿子可以直接继承父亲的财产。虽然成吉思汗的小儿子是拖雷，但是他比较看重窝阔台的为人。于是，他就将窝阔台确立为继承人。成吉思汗为了表示对拖雷的公平，将大片土地都给了他。但是拖雷很有抱负，在他的治理下，其土地面积不断扩大，势力也完全可以和窝阔台对抗了。

　　成吉思汗去世之前传位给窝阔台，拖雷监国。窝阔台继位后，不久便进攻金朝，拖雷在战争中去世了，窝阔台仍坚持对金作战。公元 1234 年，金哀宗自杀，蔡州沦陷后，金朝就灭亡了。

　　窝阔台去世前，指定其第三子的儿子失烈门继承王位。然而，窝阔台的妻子却认为长子贵由（1206-1248 年）更有称王的才干。于是她就没有将权力交给失烈门，而是等在外作战的贵由回来由贵由继承汗位。后来，贵由继位，蒙古国内部却出现了严重的分裂情况。朝中拥立拖雷长子蒙哥的人越来越多。公元 1251 年，蒙哥继承了汗位，在其继位后，就对异己进行了大规模的清剿。

蒙哥的弟弟忽必烈在当时极力主张用汉法来管理汉人，但是这一做法不仅使得蒙古贵族极度不满，也使蒙哥对他起了疑心。之后，蒙哥解除了忽必烈的军权，忽必烈为了自保，就将其家人交到了蒙哥的手中，以此消除了蒙哥的疑心。后来，蒙哥在征战中病死。忽必烈在与其弟阿里不哥的争斗中，取得了胜利，成功登上了汗位。

耶律楚材改革立法

　　金朝被成吉思汗攻克后，在金朝为官的耶律楚材（1190—1244年）受到成吉思汗的重用，成吉思汗还向朝中的大臣们极力推荐耶律楚材，认为他有治国的才能。

　　耶律楚材本来是契丹族的后代，其父亲在 60 岁的时候才生下他，因此他格外受到父亲的重视。父亲去世后，耶律楚材在母亲的教导下，不仅懂得天文历法，而且对医术也颇有研究。由于耶律楚材留着长胡须，成吉思汗便称其为"长髯（rán）人"。

　　公元 1229 年，窝阔台继位，之后任命耶律楚材为中书令。窝阔台很信任耶律楚材，在做重要决定的时候都要请教一下他。

　　由于蒙古族习惯过游牧的生活，因此对农业的重视程度并不高。一些大臣认为应该将汉人赶走，然后将他们的居住地开辟为牧场。耶律楚材不同意这一看法，他认为汉人的数量远远超过蒙古人的数量，如果向汉人征税，那一定是一笔不小的收入。

　　经过窝阔台的同意，耶律楚材相继在各地设立了赋税制度，税收机构发挥了积极的作用，这使得当时的社会更加稳定。在耶律楚材的帮助下，窝阔台进行了大刀阔斧的改革，制度得到进一步完善。同时，耶律楚材对朝臣的礼仪也进行了规定，他认为尊卑有序，即使是父亲和兄弟，在上朝的时候面对君主也应该跪拜。

耶律楚材的很多观点都被写入到元朝的典章当中，包括设立长官管理州郡，建立军队制度，对一些违法乱纪的行为进行惩处等等。

公元 1234 年，窝阔台灭了金朝。不久之后，窝阔台想要在华北地区进行分封。这一决定受到了耶律楚材的强烈反对，他认为，受到分封的诸侯会自成一体，长此以往，国家必然会分裂，因此，分封不可实行。同时，耶律楚材又提出了要培养汉族人为官的建议，统一通过科举考试选拔人才，让有识之士得到重用，这样不仅可以发掘人才，也能促进民族的融合和统一。

忽必烈建立元朝

公元 1251 年，忽必烈的哥哥蒙哥被推举为大汗。忽必烈则被任命领导关中汉地的军务，后又接受京兆的封地。自此以后，他对汉文化产生了浓厚的兴趣，他开始积极恢复农业，建立学校，大力推广汉族文学。

公元 1253 年，忽必烈消灭了大理国，并在金莲川（今河北滦河上游）地区建立了藩镇，他起用汉族知识分子，势力不断扩大。然而，他的这些行为受到蒙哥的猜疑，不久蒙哥就革除了他职位。在谋士的建议下，忽必烈将自己的家小送到蒙哥身边作为人质，这才消除了蒙哥的猜疑。

公元 1258 年，蒙哥兵分三路准备讨伐南宋，统一天下。但其中塔察儿领导的一支军队在作战的时候遇到困难，情急之下，蒙哥不得不派忽必烈去顶替他。忽必烈在攻打南宋时，收到了蒙哥战死军中的消息。他为了能够尽快回到京都，于是加快了对南宋的进攻步伐。这时南宋有一个官员叫贾似道，他贪生怕死。贾似道向忽必烈求和，并且承诺南宋向蒙古称臣，每年还会缴纳一定的贡品。于是，忽必烈撤兵回京都，并夺得了汗位。公元1260年忽必烈继位，改年号为中统。与此同时，忽必烈的弟弟自立为王，不服从忽必烈的指挥，忽必烈便发兵攻打他，最终平定了内乱。

后期，忽必烈便开始一心征讨南宋。忽必烈在征讨南宋的时候，一直强调不许屠杀百姓。公元1264年，忽必烈改年号为至元。至元八年，正式定国号为元。

元朝是中国历史上第一个由少数民族统治的统一的王朝，当时中国的疆域也达到了最大。那时，一些大型的水利得以建设，农业和手工业都得到了飞速发展，社会进步较快。忽必烈1260—1294年在位，于公元1294年病逝，终年七十九岁。

在我国的历史上，忽必烈是罕见的集军事家和政治家为一体的君主，其统治时期，各个民族之间的分裂状态也得到了改善，文化交流得到了空前发展，国家也相对较为繁荣。

李璮之乱

蒙哥死后，忽必烈和阿里不哥两股势力之间发生了多次战斗，其间还有一些严重的叛乱。其中一次叛乱对蒙古政权造成了威胁，那就是李璮之乱。

李璮的父亲李全本是山东起义军的首领。当蒙古军队占领山东之后，李全的起义军就投降了。李全去世之后，李璮继承了父亲的职位，专制山东三十年。忽必烈继位之后，封他为江淮大都督。

李璮反叛的主要目的是为了割据山东，坚决不让他人夺走自己手中的兵权。公元1262年，李璮趁元世祖平定阿里不哥之乱时，觉得时机已经成熟，于是发兵反叛，占据济南。南宋朝廷有些不相信李璮，因此并没有派任何军队前来支援。忽必烈得到李璮反叛的消息之后，请来谋士商讨对策。谋士将李璮的意图完全分析出来，并且推测出李璮下一步可能会采取的军事策略。当时，姚枢说："李璮出兵反叛，等待着济南的各路军队前来支援，在李璮看来是好的军事策略，实际看来却是下下策。"

几天之后，军事形势完全按照姚枢的推测发展。于是，忽必烈召集了各路军队去济南，并命令水军万户、济南万户等共同出兵，命合必赤为总督。随后，忽必烈派遣的军队在高苑老僧口一带大败李璮军队。李璮无奈之下只好退居济南。

之后，忽必烈命中书右丞相史天泽对李璮所率领的军队进行围攻。于是，史天泽和合必赤一起商议策略。史天泽率领大军将济南围得水泄不通，直接断绝了李璮军队和外界的联系。李璮军队成为瓮中之鳖，虽然他们进行了多次突围，但都无济于事，无法抵抗史天泽大军的攻击。后来，李璮军队的粮草不足，士兵人心涣散。

最后，李璮被俘而死。李璮之乱就被忽必烈很快地平息了，从此忽必烈的势力更为强大了。

帝师八思巴

八思巴是藏传佛教萨迦派首领，在藏语中，"八思巴"就是"圣者"的意思。八思巴出身名门，且从小聪慧过人，很有名气。八思巴精通佛学，三岁的时候就可以背诵莲花修法，不到七岁就可以熟读佛经。对于经文的意思，八思巴都有自己的理解。

八思巴幼从伯父萨班依附蒙古王子阔端，住在西凉（今甘肃武威）。公元 1253 年，忽必烈召置左右，从受佛戒。

八思巴细心地教诲忽必烈和其家眷，这些人在受到八思巴的感化之后，多数都皈依了佛教。八思巴认为佛教是从天竺传来的，主要的宗旨就是要普度众生，积极地引导众生达到一个境界，享受极乐世界的恩遇。因此，人们应该严格地遵守戒律，潜心修行，这样才能够得到超度。忽必烈对于八思巴所讲的佛法很感兴趣，为了能够让他更好地帮助自己，公元 1260 年，忽必烈封八思巴为"国师"，同时让他管理佛教事务。

忽必烈为了保证八思巴往来顺畅，特意命人修建了通往西藏驿站和驿道。这一举动不仅加强了忽必烈对西藏的控制，同时还加强了中原和西藏之间的联系，加快了文化交流的进程。

八思巴奉元世祖之命，创造了新的蒙古文字。他借助藏文字母的含义，创造了四十多个新字母，然后用这些新字母来拼写蒙古语。这些新制成的蒙古文字在公元1269年正式公布，不久后投入使用。

公元1270年，忽必烈任命八思巴为"帝师"、"大宝法王"。忽必烈还赐给八思巴玉玺，让他有了直接统领西藏的权力。八思巴和其弟子们把藏传佛教传播到中原地区，加强了两地的文化交流。

阿合马专权

元朝的财政大权从窝阔台继位以来就由色目人掌握着。阿合马是色目人中比较著名的理财专家，忽必烈掌权时期他的官职很高，曾经为忽必烈提出了很多搜刮百姓的方法，比如清理户口，滥发钞票等。这样一来，忽必烈在财政方面得到了很大的满足。

公元1262年，阿合马毛遂自荐，称自己的理财能力无人能及。于是，忽必烈就任命他为诸路都转运使。这样，阿合马就可以对国家的财政进行掌控了。阿合马确实有理财的能力，做过的大事很多。比如，阿合马命令兴办铁业，每年的产铁量达到一百多万斤，可铸成两万多件农具。再比如，朝廷为了控制盐商的不法行为，严禁人们私自卖盐，阿合马提出增盐课，卖盐需要缴纳一定的赋税，无论人们职业如何，都需要缴纳赋税。

这两个举措为忽必烈积攒了大量的钱财。忽必烈对阿合马越来越重视，并委以重任。在这之后，阿合马又在全国范围内提升了赋税标准，还规定商人应该按照货物的数量多少来缴纳赋税。这样一来，忽必烈的国库在短时间内就增加了很多金银，这使得忽必烈颇为高兴。

阿合马的行为有利有弊。虽然他为朝廷积攒了很多金银，但是，他的独断专行却给百姓带来了很大的负担。久而久之，社会矛盾不断增加，社会的稳定性受到严重威胁。

由于受到忽必烈的庇护，阿合马的官职越做越大。直到做了中书平章政事之后，他还是不满足于现状，希望能够获得更大的权力。随后，阿合马就把自己的亲信都安插在朝廷最主要位置。朝廷中一些不利于他发挥职权的职位都已被他控制，他的一些行为甚至超过了当时法律的限制。另外，阿合马还是个能言善辩的人，一些大臣争论不过他，就只得听从他的意见。

阿合马因排斥异己，贪赃不法，为朝野痛恨，终被千户王著刺杀。

文天祥与《正气歌》

　　宋理宗时期的贾似道是个大奸臣，他为官之时，朝政一片混乱。宋理宗死后，宋度宗继承了皇位。公元 1274 年，三岁的宋恭帝继位。之后，元朝将士兵临城下，情况十分危急。朝廷下发了征兵的通告，但无人响应，只有文天祥积极招募士兵。

　　文天祥，字履善，号文山。年幼时就博览群书，公元 1256 年，他参加科举考试并取得进士第一名的成绩。文天祥在元军来侵的时候，积极主动地抗敌，但却受到朝廷中奸臣们的迫害。一些志同道合的朋友劝他，不要孤军奋战抵抗元军，并说这是以卵击石。文天祥却回答说："我这样做，一定能唤起其他人保卫国家的意识。"

　　由于宋恭帝年幼，朝政大权都由谢太后掌控。在元军入侵的危难时刻，她派人去投降求和。派遣到元朝求和的大臣都伺机逃跑了，朝廷中没有人能去谈判，谢太后便派遣文天祥前去。临危受命的文天祥义正言辞地和元朝谈判，结果被元军囚禁。在此种状况之下，谢太后投降了，向元朝称臣。文天祥除了仰天长叹，别无他法。但是，投降的谢太后和宋恭帝并没有受到优待。元朝丞相伯颜将谢太后、幼帝以及文天祥等人一同押解回元大都。在路途中，文天祥逃了出去，流亡至通州，由海路南下，至福建与张世杰、陆秀夫等坚持抗元。

公元1278年，文天祥率领军队转移到五坡岭一带。元军突然来袭，将士们猝不及防，全军覆没，文天祥也做了俘虏。元将张弘範很欣赏文天祥的骨气，对他以礼相待，想让他投降，但文天祥却不予理睬。元朝将文天祥囚禁在大都很多年，但文天祥始终没有违背自己的良心投降元朝。忽必烈是一个赏识人才的君主，他得知文天祥的赤胆忠心之后不愿将他杀死。文天祥被囚禁期间写下了著名的《正气歌》。

公元1283年，元世祖忽必烈终于决定处死文天祥。文天祥从容淡定地说："我的事情已经办完了，了无遗憾。"

张世杰殉国

  陆秀夫是抵抗元朝的忠臣，为了完成抗元的愿望，陆秀夫同张世杰一起商议军事。公元 1276 年，大臣们拥立赵昰为皇帝，史称宋端宗。不料这个小朝廷仅仅存活了两年，就被元朝的大军攻破。朝廷中的人只能流亡到广东。宋端宗死后，大臣们拥立赵昺为皇帝，改年号为祥兴。陆秀夫、张世杰等人将驻地迁到了厓山（今广东新会南），这一地区地势险要，条件稍微好一些。这时的宋军已经无路可退了。

  元世祖得知这种情况之后，马上派遣张弘範为将军，兵分两路攻打厓山。这时，张世杰的部下提出建议说："我们占据海口有利先机，一旦失败还有退路。"但是，张世杰在心中已经另有打算，他一心为军队考虑，害怕士兵们长期在海上可能会不习惯，所以决定跟元军作战到底。之后，张世杰就积极地调兵遣将，派遣了二十万人马和千余艘战船，将战船一字排开，然后用绳索将战船紧紧地连在一起，形成了一支海上的船队。而张弘範看到张世杰的作战策略后，决定采用火攻来破敌。由于张世杰比较了解张弘範的战术，事先做好了准备，此次元军的火攻并没有得逞。

　　不久，张弘範堵住了海口。宋军没有了退路，只能靠仅有的一点儿粮食维持生存。很多士兵都得了重病，士气低落。此时，张弘範多次派遣使者前去劝降，都被张世杰拒绝了。不久之后，元朝向南宋发起了总攻，双方激烈交战，宋军无力抵抗，开始节节败退。

　　张世杰看到依靠个人的力量抵挡不了强大的元军，于是派使者护送赵昺转移。赵昺身边的陆秀夫见厓山被攻破，宁愿以身殉国也不愿做俘虏。当即，陆秀夫就背着年少的赵昺投海自尽了。张世杰最后兵败突围，遇台风舟覆溺死。公元 1279 年，随着赵昺的死，南宋彻底灭亡了。

忽必烈重视读书人

元世祖重用读书人是人尽皆知的事情，这不仅为朝廷广纳贤才奠定了基础，也间接地实现了社会的稳定。

许衡是宋元之际著名的学者，他一生致力于融合汉族和蒙古族的文化。忽必烈即位之后，曾任命许衡为集贤大学士兼国子祭酒。传说有一年夏天，天气炎热难耐。许衡有非常要紧的事要办，于是顶着酷暑出门。在路上，随从们看见有一棵梨树，都争先恐后地上树摘梨，唯独许衡一个人坐在树下一动不动。大家不解地问他为什么，他回答说：“虽然我也口渴，但是这棵梨树有主人，我不能随便摘梨子。就算梨树没有主人，我心中却有主。无论是太平盛世抑或是乱世，我都要坚持自己心中的原则。心中静，自然不觉得热。”许衡的这番话感动了在场的所有人。

忽必烈一开始对中原文化的熟悉程度并不高，但他却十分重视招揽人才。早在忽必烈还是亲王的时候，许衡就担任京兆提学一职，后来，忽必烈即位，许衡更加受到忽必烈的重用。许衡立志于办学，给学生们讲授程朱理学。他还让蒙古族人了解中原文化和治国方略，并培养了一大批有识之士。

　　除了许衡之外，忽必烈手下还有一个汉人谋士名叫刘秉忠。刘秉忠先入全真道，后出家为僧。公元1242年，他被北方禅宗临济宗领袖海云推荐，进入忽必烈的王府。通过交谈，忽必烈被刘秉忠的才气所吸引。刘秉忠不仅精通天文地理，而且对诸子百家也十分了解，于是忽必烈将他留在王府。受到忽必烈的重用，刘秉忠根据国家的形式制定了各项制度，影响深远。刘秉忠提议重建都城，并且对新的城址进行科学地规划，重新部署。公元1271年，刘秉忠请建国号为大元。此外，刘秉忠还积极地将一些有识之士推荐给忽必烈，这些读书人都为元朝的统一做出了巨大贡献。

元建行省制

元朝时我国的疆土十分辽阔，疆域东、南到海，西到今新疆，西南包括西藏、云南，北面包括西伯利亚大部，东北到鄂霍次克海。

为了进一步加强对元朝政权的巩固，元世祖将国家分为两个部分：其中一部分由皇帝直接管理，这些部分就是原来的金朝、南宋等地区；另外一部分则分给皇族们管理，包括西域地区，伊儿汗国以及钦察汗国等等。在皇帝直接统治的范围内，元世祖施行汉法，将全国的区域分成十几个大小不同的行政区域，在这些区域中施行行省制度，皇帝拥有最高的统治权。这种行省制度的建立不仅打破了传统的世袭制，而且便于管理。

元世祖建国后，始置中书省，后于各地方置行中书省，作为中书省派出机构。每个地方机构设置丞相、平章等官，总揽该地区政务，行省为地方最高行政区划。和之前的朝代相比，元朝在一些边远的地区也设置了行省，之前的朝代管不到的地区也可以受到管辖。京师附近地区直隶中书省，这些地区的设立为朝廷的管辖起到了缓冲的作用。

除了行省制度之外，元朝对于新疆、西藏等地还进行了管辖。元世祖让新疆和西藏等地的首领自行管辖当地的大小事务。

元朝的制度在不断变化，但无一不是为了加强朝廷的统治。行省制度的确立和实施，不仅极大地巩固了国家统一的局面，而且在行政体制方面进行了改革，有效地保证了我国的行政制度得到充分发挥。行省制度的确立对后世产生了深远的影响，一些省份的名称一直沿用到今天，而且现代制度的制定也有一部分参照了原有的制度。

郭守敬编订《授时历》

在忽必烈即位之后，水利问题是亟待解决的主要问题，朝中大臣向忽必烈推荐了郭守敬。郭守敬，顺德邢台人，元代著名的天文学家。同时，郭守敬对水利工程非常精通，他在祖父的谆谆教导之下，动手能力不断增强。郭守敬在十五六岁的时候就根据"莲花漏"的图案，推断出其工作原理，并且进行仿制。通过对"莲花漏"的改造，成功制作了"宝山漏"。

郭守敬曾从事过水利工程建设和整治的工作，并取得了很好的成绩。忽必烈了解到郭守敬的才能后，就对他委以重任。忽必烈命人改革历法，郭守敬负责制造仪器，对天文情况进行观测。在观测工作进行的过程中，郭守敬发现，当时的天文仪器多是金朝遗留，或者是从宋朝夺而来，制造仪器的地理位置的不同，使得观测仪器存在着一定的差异，直接使用观测仪器存在一定偏差。因此，郭守敬根据仪器的使用特点和观测地的地理位置，对这些仪器进行改进和完善。其中，最为著名的一个仪器就是"简仪"。经过改造之后的简仪，使用起来不仅方便，而且观测的清晰度也逐渐增加。

做好天文观测活动是编制历法的前提和基础。为了提升观测的精准性，郭守敬在全国北纬 15°～65° 共设立了 27 个观测点。新历法由郭守敬、王恂和许衡等创制，被命名为《授时历》。《授时历》是中国历史上施行最久的历法，历时 364 年，由此可见，郭守敬对我国天文学的发展做出了卓越贡献。

不仅如此，郭守敬还参与并主持开通运河。在一步步总结经验、吸取失败的教训之后，郭守敬使得运河既能满足农业的发展，还可以解决泥沙堆积的问题。公元 1293 年，一条全长八十余千米的运河开凿成功，忽必烈将这条运河取名为"通惠河"。

郭守敬在天文历法以及水利工程建设方面都施展了自己的才能。

纺织家黄道婆

　　说起我国古代的纺织家，要数元代的黄道婆最为出名。黄道婆还被人们称为"黄婆"。她出身卑微，在生活的巨大压力下，她十二三岁就被迫成为别人家的童养媳。无论白天晚上，她都要做繁重的家务，不仅如此，她还经常受到丈夫的虐待。一天深夜，黄道婆无法忍受这样的生活，逃跑了。几天之后，黄道婆逃到黎族的一个村落中，她的衣服破烂不堪，村口的大黄狗朝她汪汪直叫。就在这时，一位慈善的老妇见她可怜，就把她领到自己的家中，耐心询问她的身世。

　　老妇听到黄道婆的遭遇，十分同情她，从此以后对她照顾有加。久而久之，黄道婆从老妇身上学到了很多技艺。黎族人民个个都会纺织技术，黄道婆就跟着学习了这门技术。不久，黄道婆就能独立织出色彩鲜艳、花纹秀美的纺织品了。村里人都对黄道婆的纺织技术称赞不绝。几年之后，黄道婆的名气传到了很远的地方，就连外地的商人都对她有所耳闻。于是，商人们跑到黄道婆的家中，想要买一些纺织品作为贡品。黄道婆听到之后，觉得自己纺织的东西数量还少，没有多余的能够拿来卖，就拒绝了。没想到商人恼羞成怒，对黄道婆多加责难。黄道婆坚决地说："你们想要把这些东西作为贡品，就自己去织啊。"那些商人听后狼狈地走了。

13 世纪末，黄道婆由于思念自己的家乡，就带着纺织工具回到了自己的家乡。之后，黄道婆将纺织工具进行了改进。改进之后的工具可以直接把棉花籽剥离出来，提高了纺织的效率。久而久之，手指弹棉被檀（tán）木锥子击弦弹棉代替。这样弹出的棉花不仅松软均匀，而且质量非常好，纱和布都能够被合理地利用。黄道婆还把用于纺麻的脚踏纺车改成了三锭脚踏棉纺车，使纺织工作变得更加省力了。

在黄道婆的带领下，她的家乡的纺织从业人员数量不断增加，纺织技术也得到了发展。纺织技术在江浙一带逐渐得到流传，促进了松江纺织业的飞速发展。后人为了纪念她，还特意编了一首歌谣：黄婆婆，黄婆婆，教我纱，教我布，两只筒子，两匹布。

马可·波罗游中国

元朝时期，我国疆域辽阔，中央政府的驿道（传递公文、官员往来的道路）通畅，因此，元朝和其他国家的联系也十分密切。这样一来，文化交流就成为了必然。当时，很多欧洲人纷纷来到中国，其中，比较著名的就是马可·波罗。马可·波罗的父亲和叔父都是做商贸生意的，曾经在元朝生活过很多年。13世纪时，忽必烈亲自接见了马可·波罗的父亲，并主动向其了解欧洲的文化，后来他成为了忽必烈派遣欧洲罗马教廷的使者。

元朝使者一行人于公元1269年到达阿迦城，此时老教皇已经去世，新教皇还没有选出。于是，马可·波罗的父亲和叔父就回到家中。两年之后，他们带着十七岁的马可·波罗又一次来到阿迦城。新教皇派遣了两个使者跟随他们一起去元朝，但是使者因惧怕遥远的路途，放弃了。于是，马可·波罗三人经过丝绸之路于公元1275年到达上都（今内蒙古自治区多伦县西北）。

马可波罗不仅会说汉语，而且会说蒙古语。他的聪颖和才智受到了忽必烈的赏识。忽必烈还曾派马可·波罗到元朝的各个省份巡查。

因此，他走遍了众多的省份。不仅如此，他还受命到国外做使臣。马可·波罗在中国居住了十七年，公元 1292 年初离开中国，公元 1295 年末回到家乡威尼斯。公元 1298 年，在威尼斯和热那亚之间的战争中，马可·波罗被俘。在狱中，他将自己在东方的见闻叙述了一番，监狱中的人帮他记录成书，这就是《马可·波罗行纪》。

这本书分四卷，书中对中国的情况进行了介绍，其中包括马可·波罗在中国的所见所闻，中国的物产和城市，中国的邻国、所在地区以及战争情况等等。这本书在文化史上占据着举足轻重的地位。航海家哥伦布对这本《马可·波罗行纪》非常感兴趣，在之后的航海中，他受到了较大的启发。

马可·波罗游中国，不仅加强了元朝和欧洲之间的联系，还拉近了元朝和世界各国之间的距离。

王冕画荷

　　元朝年间，有位著名的大画家叫王冕。王冕小的时候就很聪明，但是因为家境贫寒，所以没有办法上学。后来王冕的父亲让王冕去给富贵人家放牛讨生活，王冕同意了。此后，王冕每天都去放牛，然后赶着牛在学堂旁边偷学。王冕很喜欢学习，每次放牛到学堂旁边的时候，他都会停留很长时间。后来，王冕想到了一个办法，他用一根很长的绳子将牛拴在大树上，这样牛既能够吃草，也不会走丢了。

　　通过这个方法，王冕就可以在学堂的外面一直听课，时间久了，王冕渐渐地认识了很多字，而且能够熟练地背诵很多文章。这使得他不再愿意放牛，而想更加专心地学习。一次，他听完课回去找牛的时候，发现牛居然丢了，王冕很着急，他找了所有的地方都没有发现牛的踪影。

　　后来这件事被他的父亲知道了，他的父亲生气地打了他。即便如此，王冕也依然只想着学习知识。王冕的母亲看到王冕这样喜欢读书，就将其送到了寺庙中。在寺庙里，王冕白天跟着和尚们一起干活，到了晚上就开始认真地读书，每天晚上他的读书声都会准时响起。

当时有位出名的学者知道王冕的事后，就找到王冕，并且收王冕为徒。然后他开始教王冕如何作画，并让王冕读更多的书。王冕为了能够跟着师傅学习，重新回到了家里。他一边给人家放牛，一边跟着师傅学画画。

一次，王冕放牛来到湖边，天空突然下起了大雨。王冕一直躲到了雨停，才打算回家。但是雨后的荷花显得尤为美丽，王冕被这种景色迷住了，他就想把这美丽的荷花画下来。有了想法后，王冕就开始行动，他拿着树枝在地上不停地练习画荷花。就这样日复一日、年复一年地练习，王冕画的荷花越来越惟妙惟肖。后来有很多人打算买他的画。由于他画工出色，他的生活很快就好了起来，他也开始专心投入到作画中，最终成为著名的画家。

赵孟頫与黄公望

公元 1286 年，程钜夫奉命寻访有识之士，在二十多人的名单中，赵孟頫便是其中之一。赵孟頫，字子昂，湖州人。他本是宋太祖的后代，对书画颇有研究。赵孟頫的书法以著名的书法家王羲之为宗。他对各种不同的书法字体都比较擅长，字体遒劲有力，自成一派。他的一些书法作品还成为了珍藏品。在绘画方面，赵孟頫也有一定的造诣。他不仅可以通过画作表达出一定的意境，还可以将工笔与写意相结合，从而开创了一代全新的画风。他认为书法和绘画二者之间有着异曲同工之妙，不可分开，一些书法中的原则可以直接应用到绘画中，用不同的书法字体来进行绘画可以表现出不同的意境。

除了书画之外，赵孟頫对诗文创作也颇有兴趣。元仁宗曾经将赵孟頫比作李白和苏轼。赵孟頫的妻子和儿子的书画也十分出色，他们的作品成为当时的佳话。另外，赵孟頫的管理才能也十分突出。赵孟頫入元朝后，累官至翰林学士承旨，封魏国公。

由于元朝统治者对绘画的重视程度不是很高，朝廷并没有设立画院。"元四家"中有一位著名的人物就是黄公望。黄公望，本名陆坚，常熟人。他跟随义父黄氏之后，改名为黄公望。黄公望做过中台察院掾吏，由于受到上司失职的连累，锒铛入狱。出狱后的黄公望开始归隐，云游四方。

黄公望寄情山水，他细心观察自然中的云霞、竹林、巨浪等事物。凡是出现在脑海中的事物，他都直接画下来。黄公望的作品众多，其中比较著名的是《富春山居图》，这幅画历时近七年才得以完成，成就颇高。这幅画卷主要描绘的是富春江两岸数百里的风景，山峰、江水被描绘得栩栩如生。

后来，这幅画被吴洪裕收藏，他由于珍爱此画，想要用这幅画作为殉葬品。这幅画最后被其家人从大火中救了出来，但是，完整的画卷没有得以保存，此画被烧成了两段。其中的一段被后人称为《剩山图》，保存在浙江省博物馆中。

关汉卿与《窦娥冤》

　　我国的"元曲四大家"有关汉卿、马致远、郑光祖和白朴。其中关汉卿的创作成就和知名度最高。关汉卿，曾经做过太医院的官员，经常参加戏剧演出。在他创作的杂剧中，《窦娥冤》最为著名。

　　《窦娥冤》全称为《感天动地窦娥冤》，讲述的是一个叫窦娥的妇女的可怜身世及她的一些不幸遭遇。窦娥在三岁的时候母亲就去世了，七岁被父亲抵债到蔡婆婆家做童养媳。之后，窦娥的父亲便进京考试。窦娥结婚不久，她的丈夫就去世了，婆媳二人相依为命。有一天，蔡婆婆去赛卢医那里讨债，却被赛卢医骗到郊外，差点儿被勒死，后来被经过此处的张驴儿父子所救。张驴儿父子本是恶棍，他们趁机要挟，让蔡婆婆婆媳俩嫁给他们。蔡婆婆无奈，只得将他们父子带回家中。于是，张驴儿天天逼迫窦娥嫁给她，窦娥不答应并狠狠地辱骂了张驴儿。为了强占窦娥，张驴儿设计毒害蔡婆婆。他到赛卢医那里买了毒药，趁着蔡婆婆生病让她喝下。可是，蔡婆婆呕吐得厉害，没有喝。没想到毒药被张驴儿的父亲喝了，结果他七窍流血而死。张驴儿以此为借口逼迫窦娥嫁给他，否则就要告官，窦娥宁死不屈。

没想到，太守桃杌（wù）是个昏官，他不分青红皂白就严刑逼供。由于窦娥不忍心让蔡婆婆也承受这样的酷刑，便含冤承担了罪名。于是，窦娥被判死刑。在行刑之前，窦娥发了三桩毒誓：第一，如果含冤，人头落地之后，血迹不沾染地上一滴，全部飞溅在白绫之上。第二，如果含冤，身死之后，天降大雪。第三，如果含冤，楚州大旱三年。

行刑之后，三桩誓愿全部应验。多年之后，窦娥的父亲做了官，才为女儿申冤。

《窦娥冤》主要描写了窦娥的冤屈，同时表达了作者对有此境遇的妇女的同情。关汉卿比较擅长描绘青年妇女的形象，他的诸多作品都描写了妇女的不幸遭遇。《窦娥冤》广受人们的赞赏，成为关汉卿的悲剧杰作。